# Milagros
## que se cumplen

# Milagros que se cumplen

Una autobiografía acerca del decubrimiento de Dios

## WILLIAM TUCKER

Traducción
Santiago Ochoa

Bogotá, Barcelona, Buenos Aires, Caracas, Guatemala,
Lima, México, Panamá, Quito, San José,
San Juan, Santiago de Chile, Santo Domingo

Tucker, William Thomas
 Milagros que se cumplen / William Thomas Tucker;
traductor Santiago Ochoa. -- Bogotá: Grupo Editorial
Norma, 2006.
 256 p. ; 23 cm.
 Título original: *Miracles Made Possible*.
ISBN 958-04-9333-2
 1. Vida espiritual 2. Mente y cuerpo 3. Autoestima
4. Ejercicios espirituales I. Ochoa, Santiago, tr. II.Tít.
248.5 cd 19 ed.
A1079726

CEP-Banco de la República-Biblioteca Luis Angel Arango

Título original:
MIRACLES MADE POSSIBLE
*An Autobiographical Discovery of God*
de William Thomas Tucker
Publicado por Hampton Roads Publishing Company, Inc
Copyright © 2004 por William Thomas Tucker

Copyright © 2006 para América Latina
por Editorial Norma S. A.
Apartado Aéreo 53550, Bogotá, Colombia.
Reservados todos los derechos.
Prohibida la reproducción total o parcial de este libro,
por cualquier medio, sin permiso escrito de la Editorial.
Impreso por: Nomos S.A.
Impreso en Colombia — Printed in Colombia

Edición, Natalia García Calvo
Dirección de arte, Jorge Alberto Osorio Villa
Diseño cubierta, Wilson G. Giral Tibaquirá
Diagramación, Nohora E. Betancourt Vargas

Este libro se compuso en caracteres Goudy Old Style

ISBN 958-04-9333-2

*Para*
*Pamela y Carter,*
*Penélope y Paul,*
*Matthew y la pequeña Lauren*

# Contenido

Prólogo ..... ix
Introducción ..... xv
1. Los niños conocen a Dios ..... 1
2. Ser del mundo, sin Dios ..... 7
3. Encontrando a Dios ..... 13
4. La fórmula para recibir milagros ..... 33
5. Cómo recibir milagros ..... 41
6. Recibe milagros cuando los pides y crees en ellos ..... 49
7. Recibe lo que realmente crees ..... 63
8. El miedo anula los milagros ..... 79
9. Viviendo milagrosamente ..... 91
10. Todos podemos recibir milagros ..... 97
11. Las propiedades de los milagros ..... 111
12. Creer en milagros hace que sucedan ..... 129
13. El secreto de la vida ..... 137

14. ¿Cómo arruinamos nuestros milagros?      149

15. El truco para recibir un milagro          171

16. ¿Elección de Dios, o nuestra?             177

17. Recordatorios para recibir milagros       199

Epílogo                                       227

Agradecimientos                               233

# Prólogo

Este libro está dedicado a todos los que se consideran ateos y agnósticos, y a quienes, bien sea que nieguen la existencia de Dios o digan no saber nada al respecto, muchas veces son más aliados de Dios de lo que creen y están más confabulados con Dios y con sus designios que quienes profesan alguna fe. Yo he sido uno de ellos, y fui despertado por una serie de acontecimientos inexplicables que me demostraron la existencia y el amor del gran "Yo soy". Describo mi viaje en estas páginas, así como la revelación de Dios, para que tú también puedas experimentar la creencia en Dios. Espero que el resultado final sea que las evidencias y lecciones aprendidas te inviten a realizar tu propio viaje para regresar al seno de Dios, de donde todos venimos. Además, espero que comprendas que si lo pides, tú también puedes recibir el milagro que quieras de parte de Dios.

Por supuesto, los creyentes también están invitados a acercarse aún más a Dios, luego de compartir las experiencias de este libro.

El propósito de este libro es narrar varias de las experiencias de mi vida, las cuales me demostraron, sin ninguna duda, la existencia de Dios, y su papel, proactivo en nuestra vida diaria. Espero que al compartir estas experiencias personales, los lectores puedan adquirir una creencia nueva o renovada en Dios que contribuya a enriquecer sus vidas.

¡Dios existe! De esto ya no tengo la menor duda. Quienes dudan de su existencia sólo tienen que acercarse a Dios y pedirle que se les manifieste en sus vidas: pide y recibirás. Sin embargo, la verdad es que esto es lo más difícil de hacer para cualquier hombre, mujer o niño, aunque lo es mucho menos para los niños. Es difícil porque despierta o detona un miedo fundamental en nosotros. El "miedo" es que si resulta que Dios no existe, entonces, estaríamos realmente solos. El miedo a esta posibilidad es casi devastador, y es mejor no saber que desilusionarse.

En estas páginas, verás varios ejemplos en los que Dios bendice proactivamente a sus hijos —es decir a nosotros— con su caridad, a través de milagros de la vida real. Un milagro, en el verdadero sentido de la palabra, es un acto casual que no puede ser explicado de otro modo. Creemos que un milagro es un regalo que recibimos de manera imprevista. Un ejemplo de ello sería la curación a nivel físico, recibir millones de dólares para que dispongas de ellos, o de todo tipo de acontecimientos maravillosos; grandes, pequeños e intermedios.

No te pido que tengas fe. Para empezar, te pido que no aceptes nada de lo que yo diga sin que lo cuestiones. Por favor, sé escéptico. Analiza todas mis teorías o afirmaciones; todo está abierto a tu escrutinio, pues sólo tú puedes decidir cuál es tu creencia con respecto a la existencia o no existencia de Dios. Narraré cómo es que he visto la demostración de la existencia de Dios en nuestro entorno. Es asunto tuyo considerar, analizar y comprenderla, o ignorarla. Sin embargo, si no has visto esta evidencia en el pasado, quizá sea porque no has sabido a dónde mirar o cómo mirar. Tal vez, la respuesta esté adentro...

Es probable que una analogía sea útil en este caso. Para mí, Dios es como la electricidad, siempre está ahí, a tu alrededor, en las paredes de tu casa, esperando en silencio para servirte. No puedes verla, probarla ni oírla. Si alguien que no estuviera familiarizado con la electricidad entrara a tu casa, tendrías dificultades para explicarle el concepto de la electricidad, y más aún para demostrar que existe, a pesar de que no se pueda ver ni sentir. La única manera en que podrías demostrarle al visitante que está allí, sería comprobando sus efectos. Podrías conectar una lámpara y encenderla. El visitante se sorprendería con la luz, ¿verdad? Sin embargo, no entendería la electricidad, pero su efecto demostraría que una energía poderosa e invisible está en funcionamiento, y ya no podría dudar de su existencia.

Creo que así es Dios. He llegado a entender que Dios está aquí, allá, en todas partes, esperando a servirte a ti y a mí. Todos los días nos ocupamos de asuntos mundanos. Vamos a trabajar, interactuamos con nuestras familias o amigos, hacemos compras, pagamos cuentas, vamos a diferentes lugares, cumplimos con nuestro trabajo y atendemos nuestras ocupaciones. Es por eso que las llamamos "ocupaciones". Nos mantenemos ocupados. Pero, ¿hemos pensado cuál es el trabajo de Dios, o cuál es su ocupación?

¿Qué hace Dios durante todo el día? Seguramente, habrás escuchado la respuesta en varios idiomas, religiones, libros y culturas: siempre ha sido la misma. Dios permanece ocupado haciendo milagros, bien sea por petición o expectativa, a miles de millones de personas, todos los días, en todos los rincones del planeta. Sin embargo, no los veremos si no los pedimos, si no creemos en ellos, si no los buscamos, los aceptamos ni los reconocemos.

Es por medio de las expectativas que los no creyentes también reciben milagros de Dios. Entiendo que no le reconocen a Dios los felices resultados de su "suerte", pero Dios no espera necesariamente notas de agradecimiento. Dios le ha hecho una promesa a la humanidad, y siempre la cumple. Dios promete que atenderá todas las oraciones en las que se crea inicialmente... y la respuesta nunca será "no".

Reconozco que una persona que sea muy creyente, a veces, puede pedirle algo a Dios y no recibirlo. A pesar de los hechos milagrosos que describo en este libro, a mí me sucede con frecuencia, y nos sorprendemos entonces. "¿Cómo pudo ser?", nos preguntamos. La respuesta obvia —Dios no existe y sólo es un producto del imaginario colectivo de la humanidad— es demasiado terrible como para ser considerada siquiera, así que debe de haber una explicación más sólida que nos diga por qué Dios nos ha abandonado.

Sometidos a la presión de una respuesta, muchos representantes de diferentes creencias dan la respuesta más lógica. Algunos dicen: "Es el misterio supernatural"; otros declaran: "La mente del hombre es muy débil para ser capaz de entender la mente de Dios"; otros razonan: "Dios responde a todas las oraciones, pero algunas veces su respuesta es "no".

¿Es posible esto? ¿Está escrito en alguna parte? ¿En alguno de los libros religiosos? ¿Alguien ha recibido una cita de Dios en donde diga: "Responderé todas las oraciones, pero, a veces, mi respuesta será un no"? ¿La ausencia de una respuesta no equivale a una negación? Si un hijo mío me pide un dulce y yo le doy la espalda y no le contesto, ¿habré "respondido" su petición al darle lo que quería, o lo habré rechazado al ignorar su petición? Así que, por definición, yo no estoy respondiendo a ella.

Piensa en esto: probablemente has creído que el hombre es falible y que Dios es infalible. A fin de cuentas, todas las religiones predican esto. Así que cederé momentáneamente en este punto. Si hay un rompimiento en la comunicación entre el ser humano y Dios, ¿de quién crees que es la "culpa"? ¿Del Infalible, o de la humanidad falible? Apuesto a que es nuestra.

Quizá no sea Dios quien tire la toalla; lo más probable es que seamos nosotros. Tal vez, Dios comprenda muy bien nuestra comunicación (petición de un milagro), pero tú y yo no logramos comunicar con precisión los deseos de nuestro corazón de manera firme, sin temor y sin reservas. ¿Podría tratarse de esto? Por supuesto. Si eres ateo, es probable que creas que ni siquiera estás pidiendo nada. ¿Para qué molestarte si nadie te está escuchando? Claro, hasta que estás completamente acorralado, necesitando una ayuda o milagro desesperadamente, y sólo entonces pides ayuda, aunque no seas creyente o pienses que no lo eres.

Se dice que en las trincheras no hay ateos. Los soldados que están en una trinchera (muertos de miedo de morir en combate) siempre acuden a Dios cuando sienten necesidad, no importa si son fieles o ateos. Nunca he conocido a nadie —incluyendo a los suicidas— que enfrentado ante la posibilidad de vivir o morir, opte voluntariamente por la muerte. Las personas suicidas ven la muerte como una alternativa aceptable a lo que perciben como algo todavía peor: el dolor que sienten. ¿Cuál? El dolor del auto rechazo y de la negación de Dios, tema que abordaré más adelante.

Así que regresemos al primer capítulo y realicemos un viaje de descubrimiento a medida que narro acontecimientos que nunca imaginé que pudieran suceder. Todo lo que digo es cierto y comprobable, y espero que te haga abrir tus ojos, tu mente, y más importante aún, tu corazón. Estás próximo a regresar a ese tú verdadero, a tus comienzos embrionarios de la vida en este planeta, a recordar de nuevo quién y qué eres tú. Creo que te regocijarás.

Este libro narra el descubrimiento de la existencia irrefutable de Dios por parte de un ex ateo. Soy una persona normal que lleva una vida normal. Aunque Dios entró a mi vida durante una época de pruebas digna de Job y me hizo milagros, estos son tan comunes en la vida de todos nosotros que este libro no puede ser considerado como espectacular simplemente por los hechos que describe.

Mientras recorremos el camino que viví y narro mis experiencias, el lector descubrirá que me han sucedido cosas tan inexplicables que he podido ver cuál es el proceso mediante el cual se obtienen los milagros. Mis experiencias me llevaron a un nivel más profundo de comprensión que el que obtienen la mayoría de las personas.

Exploro la profundidad de esta comprensión y revelo los secretos irrefutables de la vida que, aunque en conflicto con la ciencia y con las religiones convencionales de todos los cultos, son conocidos sin embargo por toda la humanidad en virtud del hecho de que Dios ha puesto la verdad de los milagros en los corazones de todos nosotros.

Muchas personas, tal vez miles de millones, experimentan por lo menos un milagro en su vida. Pueden optar por llamarlo "suerte", o encender velas en señal de agradecimiento. Pero, con frecuencia, no saben por qué fueron bendecidos con ese milagro en particular en este tiempo en particular. He llegado a comprender que nosotros —cada uno de nosotros— somos la "causa" del milagro que recibimos. Y por tanto, todos podemos recibir tantos milagros como queramos... ¡simplemente si creemos en ellos y los pedimos! Este libro revela el concepto detrás de los milagros, para que el lector pueda invocar este poder cuando lo considere necesario. Viaja conmigo, entonces, a medida que narro la historia de mi vida y los actos milagrosos que me condujeron de nuevo a Dios.

# Introducción

Por Neale Donald Walsch,
autor de *Conversaciones con Dios*,
libros 1, 2, 3 y otros trabajos.

Conocí a William Tucker cuando me enteré de los milagros tan maravillosos que habían ocurrido en su vida. Inmediatamente, me conmovió la forma en que William había puesto en práctica el mensaje expuesto en *Conversaciones con Dios*, una trilogía que explica cómo funcionan la vida y la fe.

Tuve la oportunidad de conocer personalmente a William cuando asistió a una de mis conferencias y hablamos sobre algunas de sus experiencias. Pocos meses después, cuando estaba compilando historias de milagros de la vida real para mi libro *Moments of Grace* (*Momentos de gracia*), escogí una de sus historias de los muchos cientos que recibí de los lectores. Pero las experiencias de William eran tan interesantes y significativas, que le pregunté si podía incluir otra de sus historias en mi libro, de tal forma que, en *Moments of Grace*, hay dos anécdotas suyas, que demuestran la vida tan fascinante que ha tenido, y en la que ha aprendido a hacer que sucedan milagros del universo.

Como William ha vivido tantas experiencias tan maravillosas, le sugerí que escribiera un libro y que compartiera sus historias con la humanidad. Me alegra que lo haya hecho, porque la narración de sus historias pone de manifiesto que dichas experiencias —si bien son emocionantes e inspiradoras— no necesitan considerarse como jurisdicción de unos pocos. Todos podemos conseguir milagros, y la gracia, el poder y la ayuda de Dios siempre están disponibles para todos los hombres, mujeres y niños, y eso es lo que importa realmente.

La gran ilusión de nuestro mundo es que los milagros son raros y, de hecho, es por eso que se llaman milagros. Tucker muestra que los milagros son ocurrencias normales cuando se tienen pensamientos precisos sobre uno mismo y sobre Dios. El desafío es modificar nuestros sistemas de creencias, para cambiar así nuestros pensamientos.

Esto es lo que ha hecho William. Lo hizo desde muy temprano, y le ha sido provechoso de muchas formas increíbles. Así que lean ahora cómo un ser mortal de carne y hueso, con capacidades y destrezas normales, así como tú y yo, vivió algunos "momentos de gracia" increíbles y asombrosos, y cómo tú puedes hacerlo también.

Neale Donald Walsch

# 1

# Los niños conocen a Dios

*En el comienzo...*

El propósito de este libro es narrar mis experiencias sobre el descubrimiento de Dios y los milagros que nos hace todos los días en nuestras vidas, simplemente, si los pedimos y creemos en ellos. Espero que comprendas esto a medida que recorras este camino en el libro.

Hasta muy tarde en mi vida, no tenía idea de dónde provenía mi creencia inicial en la existencia de Dios. Lo único que sé es que conocía a Dios desde que tengo memoria. Más tarde, me alejé, aunque conocía a Dios desde niño. Sabía que había un Dios y sabía que me amaba. Mis padres se divorciaron cuando yo tenía tres años. Mi madre tuvo que dejarnos a mí y a mi hermana en una casa de acogida mientras trabajaba y reunía dinero para vivir con nosotros. Se casó de nuevo cuando yo tenía cinco años y, finalmente, nos fuimos a vivir juntos. Una de las primeras cosas que hicieron fue comprar una pequeña casa gracias a un préstamo del gobierno, y éste es mi primer recuerdo consciente de Dios.

Un día, me llevaron a comprar una mesa para la cocina. Eran los finales de la década de los cuarenta, y el aluminio y la fórmica eran los materiales más económicos y comunes. La tienda estaba atestada de juegos de mesas y sillas de aluminio y fórmica. Sólo había una mesa de pino. Era muy linda y a mi mamá le gustó tan pronto la vio. Pero era también el mueble más costoso de la tienda, así que mis padres buscaron una y otra vez, examinado este juego y aquel, pero mi madre siempre regresaba al hermoso juego de madera.

Mis padres me ignoraban, pues yo andaba rezagado y ellos discutían precios. Cansado y curioso, me arrastré debajo de la mesa. Miré hacia arriba y me horroricé. La mesa estaba sin terminar. ¿Cómo era posible? Pensé: "¿Cómo pudo enviarme Dios a la Tierra antes de que estuviera terminada y de que fuera perfecta?"

Recuerdo esa experiencia como si hubiera ocurrido ayer, probablemente, porque me produjo un gran impacto. De algún modo, supe que yo venía de un lugar en donde todo era perfecto. Me sorprendí. No pude creer que estuviera en un lugar donde las mesas sin terminar fueran aceptables.

Salí de la mesa y me hice al lado de mi mamá. Halé su vestido para advertirle que no comprara esa mesa porque era defectuosa y distaba de ser perfecta. Estaba sin terminar por debajo, donde los adultos no podían ver. "Mamá, mamá", insistí, pero ella me despachó con un "Ahora no, hijo. Mamá está ocupada hablando con el vendedor".

Pero yo seguí insistiendo. Cuando logré llamar su atención y le expliqué mi descubrimiento, ella, mi padre y el vendedor se rieron a carcajadas y me hablaron como si yo no comprendiera la sofisticación del mundo adulto. Quedé atónito. No puedo recordar qué fue lo que pensé con exactitud, pero lo cierto fue que concluí que si querían cometer la estupidez de comprar una mesa a medio terminar, era asunto de ellos.

No quiero referirme a mesas de cocina, sino a mi supuesto conocimiento sobre la existencia de un Dios, de mi padre en el Cielo, y de mi existencia antes de haber nacido. Durante muchísimos años, esto no me pareció importante. Claro que yo suponía que había un Dios, que Dios era mi (verdadero) Padre, y que me había enviado a la Tierra para nacer y vivir aquí. Es algo que damos por sentado y ese es el propósito de este libro. Yo sabía que había un Dios mucho antes de escuchar algo acerca de Dios, y antes de comenzar a estudiar o de tomar clases de religión, pues era una parte inherente de "quien era yo".

## *La caída...*

Durante mi infancia, los otros niños se burlaban de mí por seguir los principios de Dios. Me negaba a fumar cigarrillos con ellos, a llevarme dulces de las tiendas sin pagarlos y a decir palabras vulgares, pues no quería ofender a Dios. Ellos hacían bromas y se reían de mí. Yo no quería ser diferente, pero tampoco quería ofender a Dios. Con el tiempo, comencé a decir una que otra vulgaridad, aunque me reprochaba y me castigaba con dureza cuando lo hacía. Luego, los chicos mayores me hablaron de sexo, pero me pareció muy desagradable. (Claro que sucedió a una edad muy temprana y, con el tiempo, me acostumbré a la idea.)

Me adapté al planeta Tierra y comencé a encajar en los asuntos del mundo. Me convertí en un chico más, y dediqué menos tiempo a preocuparme por Dios.

Y entonces sucedió. Nunca mientras viva lo olvidaré. Recibí mi merecido. Tenía trece años. Era un sábado a mediados de la mañana. Yo estaba sentado en las escaleras de mi casa, localizada en una calle muy transitada. El límite de velocidad era de 50 kilómetros por hora. Media docena de niños de seis años jugaban con un balón en la casa de enseguida. El balón salió desviado por entre los autos estacionados y fue a dar a la calle. Antes de que yo pudiera gritar "cuidado", uno de los niños salió disparado por entre los autos estacionados a recoger el balón. Escuché el chirrido de las ruedas, el golpe escalofriante y vi el pequeño cuerpo del niño volar por el aire.

Me levanté de inmediato y salí corriendo, y todas las puertas de las casas se abrieron y los adultos se dirigieron horrorizados al lugar del accidente. El niño yacía en la calle, encogido, retorcido e inconsciente. Todos gritaban y yo no sabía qué hacer. Era como si fuera demasiado tarde. El conductor bajó del auto. Tenía unos cuarenta y dos años y estaba completamente borracho. Llegó trastabillando a la parte delantera de su auto y dijo en voz alta: "Esto te enseñará a correr por la calle, ¡cabroncito!" Y acto seguido subió a su auto y se marchó.

Me paralicé y no tuve la claridad mental para anotar el número de su placa. Nunca antes había presenciado una muerte ni un accidente. De hecho, yo apenas si era consciente del mundo que había más allá de mi barrio y de mi escuela. Pero ya leía el periódico y me perturbaba saber que los negros eran tratados como ciudadanos de segunda categoría, que no podían beber agua de las fuentes para blancos ni sentarse en las barras de los restaurantes. Me dolían las fotos de niños desnudos corriendo y llorando, sus cuerpos quemados entre los estragos de la guerra en un país lejano. Mis padres y tíos me contaron sus experiencias en la Segunda Guerra Mundial. Las atrocidades me obligaron a preguntarme por qué la humanidad podía hacer cosas tan horribles. Era algo impensable, sobre todo si había un Dios lleno de amor.

Las sirenas de las ambulancias y los gritos rabiosos de los adultos llenaron el aire mientras yo me alejaba, preguntándome por qué un Dios bondadoso podía permitir que ese niño hermoso e inocente fuera atropellado y que aquel detestable conductor borracho huyera. "¿A fin de cuentas, en qué lugar estoy?" preguntaba yo. "¿Qué clase de mundo infernal es éste?"

Estaba en el antejardín de mi casa y miré hacia el cielo: "Ayúdame, Padre. Estoy perdiendo mi fe en ti. Ayúdame a entender esto". Y luego pensé: "Tal vez, no exista un Dios lleno de amor; tal vez, Dios sólo sea un producto de nuestra imaginación, así como un silbido en la oscuridad por todo aquello que no podemos entender o controlar, o una barrera a la entrada de una cueva para detener a las bestias salvajes. "Dios mío", pensé luego de mi conclusión, "Tal vez, yo esté solo. Tal vez, no haya ningún Dios con quien yo pueda contar, ni una omnipresencia superior que me cuide con su manto protector".

Me arrodillé y susurré: "Dios, ayúdame, por favor. Ayúdame a mantener mi fe en ti. Dame una señal de que estás ahí. Hazme un pequeño milagro para poder creer. Haz que esta hierba que estoy mirando se doble; así sabré que estás ahí y que no tengo nada que temer".

Miré la hoja que estaba a dos centímetros de mi nariz. No sucedió nada, no se dobló. "Dios necesita una segunda oportunidad", razoné. "¡Dios! Haz que caiga lluvia de este cielo azul y radiante que está arriba de mí, así sean unas pocas gotas que nadie más pueda ver. Que sea sólo entre Tú y yo. Necesito fortalecer mi fe. Tengo miedo de perder mi fe en ti. Por favor, haz esto para seguir creyendo". Esperé un buen tiempo, pero no llovió. Y pensé: "He perdido la inocencia. Dios no existe, sólo existo yo. No podré contar con la ayuda de nadie en esta vida. Tendré que encargarme de mí y de lo mío. La suerte que me toque en vida sólo será producto de mi ignorancia o de mis errores. Tengo que ser fuerte y cuidarme. Si quiero tener algo en esta vida, tendré que conseguirlo por mis propios medios. Tendré que estudiar mucho y obtener una buena educación, y trabajar duro —más duro que cualquiera— para que no me despidan de mi empleo. Tendré que trabajar, trabajar y trabajar para poder comprar una casa, muebles y ropa para mis hijos, "porque no existe nadie más que yo". Sellé el pacto conmigo mismo. Tardé unas pocas semanas más en reconocer que yo era ateo, pero finalmente lo hice.

Me lo reservé para mí y no se lo confié a nadie, aunque estaba al alcance de quien quisiera confrontar la verdad. Si decidían no hacerlo, era tal vez porque no estaban preparados para confrontar sus temores o responsabilidades. Era por ello quizá que algunas personas bebían los sábados por la mañana. Conocía a muchos adultos que ahogaban sus "demonios personales" en la botella. Hice otro pacto.

Si iba a ser responsable de mí, no podía permitirme el lujo de nublar mis pensamientos. Había visto que ese era el efecto producido por el licor. No soy abstemio y me he embriagado en mi vida, aunque puedo contar las veces con los dedos de una sola mano. Nunca conduje bajo los efectos del alcohol. Esa fue la primera lección que aprendí, y lo último que deseaba sería causarle daño a otro ser humano. Así pensaba cuando tenía trece años, y ese fue el derrotero que seguí durante los veintinueve años siguientes.

# 2
# Ser del mundo, sin Dios

## *Asumir la responsabilidad*

No podía imaginar lo que me depararía el futuro veintinueve años después. Fue algo tan impactante y tan irreal, que he tardado décadas en escribirlo. Temía que nadie entendiera, que pensaran que yo estaba loco y me encerraran. Temía ser rechazado por toda la humanidad, y ser una persona sin país, sin un lugar en el mundo. Temía no poder encontrar las palabras para que los demás me entendieran. No necesitaba tener miedo. Se lo he contado a cientos de personas, y aunque se sorprenden, nadie me ha creído. La causa se hará manifiesta a medida que se devele esta historia. Pero antes de dar un salto de veintinueve años, haré una descripción general de lo que sucedió entre tanto.

No fui un buen estudiante en la secundaria. Generalmente, sacaba las mejores o las peores notas. Me retiré dos meses antes de terminar la secundaria, tras saber que no podría graduarme con mis compañeros. Salí molesto de la escuela y me dirigí a una oficina de reclutamiento de la Fuerza Aérea. Al día siguiente, volé a la Base Aérea de Lackland, en Texas, y luego viví cuatro años en Alemania, tratando de organizar mi vida.

Durante el tiempo libre que tenía en la secundaria, y posteriormente en la Fuerza Aérea, estudié historia, religión, e historia de las religiones, tratando de entender cómo el mundo llegó a ser como yo lo encontré. Fui a muchas iglesias: católicas, bautistas, luteranas, presbiterianas y otras denominaciones protestantes. Fui incluso a una sinagoga con amigos judíos. Conseguí una versión inglesa del Corán. Los mormones tampoco escaparon a mi escrutinio, ya que leí también *El libro de Moroni*. Estaba buscando algo, intentando descubrir si alguna religión estaba en lo cierto. Actuaba por mis propios medios, buscando algo por fuera, pero no me alegraba de estar solo.

Era escéptico. Vi a un hombre en la televisión llamado Oral Roberts, un evangelista de carpa. Viajaba de ciudad en ciudad, instalaba una carpa gigantesca e invitaba a la gente a escuchar sus sermones. El momento culminante de sus espectáculos sucedía cuando conminaba a los cojos y a los inválidos a que subieran al púlpito. Ponía sus manos en la frente de esa persona, oraba en voz alta, casi gritándole a Dios. Luego, golpeaba la frente del enfermo, quien soltaba sus muletas y caía al suelo. Roberts tenía un par de asistentes listos para agarrar a la persona cuando cayera. "¡Qué engaño!" pensaba yo. "¿Cómo puede salirse con la suya con semejante charlatanería? ¿Será que todos los asistentes están confabulados con él?"

Oral Roberts era el hazmerreír de muchas personas, y muchas otras creían que era un farsante. Me desconcertaba la sinceridad de la gente que él "curaba". Yo estaba convencido de que ellos creían a pesar de lo que fuera. Siempre se ponían de pie, arrojaban sus muletas y se iban caminando por sus propios medios. Yo meneaba mi cabeza e intentaba olvidarlo. Después de todo, Dios no había hecho ningún milagro en los últimos dos mil años, ¿verdad? (Claro que, actualmente, uno tendría dificultades para explicarle esto a Oral o a su hijo Richard Roberts, pues ya tienen una iglesia enorme y una universidad gracias a su fe en los milagros de Dios.)

Seguí estudiando durante mi estadía en Europa, pero nunca encontré lo que buscaba. Adquirí información sobre rituales, enseñanzas, creencias y tradiciones religiosas. Pero honestamente, me pareció que la mayoría eran una pérdida de tiempo, especialmente, los rituales. No me malinterpreten; me gustaban muchas cosas. Yo era un hombre sin códigos, libre de decidir qué honrar y respetar, y qué no. Podía ser un criminal avezado o llevar una vida santa. Pero no importaba, porque a excepción de la muerte, no había castigos para un ateo. Si no crees en Dios, entonces, no hay infierno, Satanás ni ninguna otra cosa sobrenatural a la cual temerle. Lo único que existe es un sueño permanente del que nadie despierta. La fiesta se acabó. Finito. Se terminó.

Sin embargo, yo necesitaba un código. Me gustaba lo que había dicho y hecho Jesús, así como su filosofía. Decidí que podía regirme por ese código. También, decidí vivir como Él predicó y vivió, pero no como enseñaban las iglesias que yo había visitado. Yo no tenía intenciones de temerle a Dios, pues eso me parecía una tontería. Entendí que Cristo dijo, "Si tu enemigo te golpea en una mejilla, date vuelta y ofrécele la otra". Esto tenía sentido para mí. A fin de cuentas, si yo golpeaba a alguien, debería esperar que también me golpearan. Sin embargo, no veía que nadie cercano a mí actuara con esa conducta "cristiana". Veía rabia, discusiones, guerras, dolor y seres perdidos que se refugiaban en la bebida. Veía guerras. Veía dolor.

Leí sobre las Cruzadas y cómo los caballeros templarios mataron "infieles" en Tierra Santa en nombre de Jesús, y me pregunté de qué manera semejante conducta podía ser ejemplo de las palabras de Cristo. Leí sobre la Inquisición y me pregunté cómo pudieron asesinar en nombre de Jesús. Sinceramente, nunca encontré un solo fragmento en ningún libro sagrado que promoviera el asesinato como una vía hacia la fe.

Conocí personas que le daban una explicación racional a toda suerte de comportamientos y creencias que yo no podía asociar con las enseñanzas de ningún credo. Casi todos los sermones que he escuchado en los servicios religiosos, e incluso en estaciones de radio cristianas, consisten en sentencias y rechazos, pues denigran de cualquier persona que no crea en lo que ellos creen. Según ellos, éste es un pecador y se irá al infierno, y aquél profana la religión. Generalmente, los ateos no les preocupaban mucho, aunque sentían un odio visceral por los humanistas laicos. Atacaban especialmente a individuos de otros credos o del suyo, y discrepaban de ellos. Todo esto me parecía altamente condenatorio, y me alegré de estar por fuera de las garras de cualquier religión.

Procesé mi culpa del pecado original al comprender que no era posible que yo hubiera nacido con pecado debido a los actos de alguien que existió miles de años antes que yo, que desafió a Dios y comió el fruto del conocimiento. Concluí que si Dios me quería ofrecer la posibilidad de aceptarle con una fe ciega y vivir para siempre, o probar el fruto del Árbol del Conocimiento del Bien y el Mal, yo rechazaría la fruta.

Fui un poco más allá. Con respecto al antiguo debate entre los humanistas religiosos y los laicos sobre el origen y la creación de la humanidad (la teoría del *big bang* versus el Jardín del Edén), concluí que ambos tenían que estar equivocados.

Si bien la traducción inglesa de la Biblia dice que Adán y Eva "comieron", esta palabra pude significar "ingerir", pero también puede significar "aceptar", como por ejemplo, que Adán "aceptó" una mentira. Así, "fruta" puede significar la manzana que está en un árbol, pero también un resultado, como sucede por ejemplo cuando se dice que "la recompensa de Adán fue el fruto de su labor". La palabra "árbol" puede referirse a una planta que tiene hojas, pero también a "una estructura de relación representativa", como en el caso del "árbol genealógico". Por lo tanto, pensé que una interpretación más correcta de la frase "Adán y Eva comieron del fruto el conocimiento del Árbol de la Vida y distinguieron entre bien y el mal" podría ser: "El primer hombre y la primera mujer aceptaron el resultado del conocimiento del bien y del mal".

Seguí mis convicciones con entusiasmo, ofreciendo mi otra mejilla, y decía que eso era "seguir los principios". Mucho después, aprendí a perdonarlos y a amarlos por sus defectos. Advertí que realmente no me estaban agrediendo, sino que actuaban más bien debido a un dolor interno y a un auto rechazo que alguien les había inculcado por error.

De hecho, según la teoría semántica, cuando las personas hablan sobre alguien o sobre otra persona, no hacen una afirmación sobre otra cosa, sino que describen su propia percepción. Nuestras afirmaciones están marcadas por nuestras experiencias perceptivas, y son por tanto afirmaciones de cómo las vemos, no de cómo son en realidad. Así, cuando alguien dice que estamos muy a la defensiva, realmente no está describiéndonos; simplemente, está describiendo cómo se siente con respecto a nosotros y cómo nos percibe. ¿Sería esta una interpretación acertada de nuestra conducta? Es probable.

Quizá estemos a la defensiva, pero es posible también que esa persona se sienta amenazada por nosotros y no encuentre otra forma de intimidarnos. Cuando alguien nos juzga, bien vale la pena escuchar sus sentimientos y tratar de entender por qué esa persona nos ha juzgado. De ese modo, antes que estar a la defensiva con respecto a esa acusación, podremos saber qué hay detrás de ella y encararla.

Terminé la secundaria mientras prestaba servicio militar, y luego me gradué con honores de la universidad. Tuve varios empleos gratificantes que me permitieron ser "Lo que quería ser", un ejecutivo corporativo en el mundo de los negocios, posición que me dio la oportunidad de ser creativo y responsable. Me hice miembro de la Reserva Naval después de graduarme, porque sentí deseos de hacer algo por la patria.

Durante mi adolescencia, tuve el único empleo para el que parecía tener aptitudes; repartí periódicos de puerta en puerta para suscriptores, me hice un buen vendedor con el paso del tiempo, y elaboré teorías sobre las ventas. Estos conocimientos fueron valiosos en cada uno de los empleos que tuve posteriormente. Había soñado con ser publicista y durante muchos años trabajé en ese sector.

Me casé con la novia que tenía en la secundaria, compré una casa en los suburbios y comenzamos a criar a nuestras dos hijas. Tenía un buen auto, pude ahorrar un dinero y compré otro. Durante varios años, fui voluntario de organizaciones como los Boy Scouts, de varios fondos de becas, etcétera, algo que me dio muchas satisfacciones a nivel personal. Yo era una persona que disfrutaba la vida.

# 3

# Encontrando a Dios

*La vida como sé que termina...*

Mi esposa Bárbara era una persona hermosa, por dentro y por fuera, y todas las personas la querían. Ella hacía sentir especial a cualquier persona. Nunca juzgaba a nadie. Se había acostumbrado tanto a suprimir sus opiniones y sentimientos que se mantenía un poco deprimida. Yo amaba a Bárbara, quien creía en Dios más de lo que pueden expresar las palabras y fue su muerte prematura lo que me condujo de nuevo a Dios.

Ella disfrutaba de las cosas, especialmente, de nuestras hijas y de sus progresos, pero nunca parecía alegre; no por lo menos hasta el final. Siempre que íbamos con nuestras hijas a un parque de diversiones, ellas y yo montábamos en las atracciones, pero Bárbara siempre optaba por cuidar los abrigos, la cámara y nuestras pertenencias, en vez de guardarlas y estar con nosotros. Era como si ella obtuviera placer en vernos.

Sus padres la tuvieron cuando ya eran mayores y la adoraban. No le permitieron montar en bicicleta por temor a un accidente. Se resistieron al máximo a que sacara su licencia de conducción por temor a que muriera en un accidente de tránsito. Se inmiscuyeron y trataron de controlar todos los aspectos de su vida adulta hasta el punto de interferir incluso en nuestra vida matrimonial. Bárbara me ocultó todo esto. Sus padres fueron tan sobreprotectores que socavaron por completo su confianza en sí misma, y creían que era una persona frágil.

Fue una esposa y madre excelente, dedicada a su familia. Creo que hizo un pacto secreto consigo misma para no criar a sus hijas con los parámetros tan sofocantes que le tocaron a ella. Siempre que podía, les pedía la opinión a nuestras hijas. Compartía sus ideas y las invitaba a tener sus propias ideas. Las estimulaba a pensar por sí mismas, lo que en mi opinión es el mejor regalo que un padre puede hacerle a un hijo. Les sugería que buscaran los medios para ser autónomas y se entusiasmaba intentando nuevas opciones. Las inscribió en clases de natación, ballet, danza moderna, gimnasia y les enseñó a montar en bicicleta a una edad temprana. Estaba de acuerdo con cualquier actividad en la que nuestras hijas mostraran interés, y todos los días les decía que las amaba.

Bárbara era un ama de casa profesional. Siempre quiso serlo, y aunque se había graduado de enfermera, ella y yo queríamos que permaneciera en casa, cuidando y criando a nuestras hijas. Le encantaba limpiar, cuidar y cocinar, oficios que les enseñó a nuestras hijas.

Sin embargo, me preocupaba que fuera tan dependiente de sus padres. No tomaba la más elemental de las decisiones sin antes consultarle a su madre, quien siempre estaba lista para decirle lo que tenía que hacer, pensar y sentir. De hecho, sus padres habían insistido en que Bárbara estudiara enfermería para que pudiera "cuidarnos cuando estemos viejos y enfermos".

Bárbara padecía lo que yo denomino "el síndrome doméstico materno", es decir, el haber sido domesticada por su madre. Los padres necesitan controlar a sus pequeños, pues estos no pueden cuidarse solos, no conocen el peligro, la muerte, ni los autos que circulan por las calles. Así, los padres tenemos que controlarlos hasta que cumplen diez años, edad en la que sucede algo maravilloso; los niños comienzan a pensar por ellos mismos. Sin embargo, hemos forjado una costumbre durante diez años. Hemos sido responsables de ellos y nos cuesta dejar que comiencen a valerse por sí mismos, pues creemos que existen muchas cosas que desconocen y que pueden causarles la muerte o hacerles daño en algún sentido. Cuando nos hemos responsabilizado de sus vidas, podemos hacer la transición con facilidad y ser responsables de su felicidad. Tememos por ellos debido a nuestros propios miedos. Tememos que fracasen en la vida y estamos dispuestos a ayudarles. ¿Cuánta ayuda necesitan? ¿En qué medida debemos pensar por ellos?

La desgracia comenzó cuando a la mamá de Bárbara —que tenía más de setenta años— le diagnosticaron diabetes. Todos los días, Bárbara, que era enfermera profesional, le administraba religiosamente la insulina. Un año después, el médico le descubrió un cáncer incurable y le dio pocos meses de vida. Bárbara se puso inconsolable y concluyó que era la culpable de todo. Recordó que en las clases de enfermería le habían enseñado que cuando un anciano tenía diabetes, no es que tuviera necesariamente esa enfermedad, sino que podría ser un presagio de cáncer.

Pensó que los doctores le hubieran podido detectar el cáncer a tiempo si hubiera recordado esto. Quedó destrozada por la culpa. Se fue a vivir con su mamá para cuidarla durante su enfermedad, y cuando finalmente tuvo que irse al hospital para pasar sus últimos días, Bárbara también se fue con ella; dormía en la cama de al lado y permanecía día y noche cuidando a su mamá, quien murió siete semanas después. Bárbara quedó destrozada emocionalmente y ninguna explicación ni razonamiento pudo despojarla de su sentimiento de culpabilidad. Me confió con tristeza que ahora que su madre había muerto, ya no podría realizar el sueño de su vida. Cuando le pregunté cuál era, me respondió: "Toda mi vida esperé a que me dijera, 'te amo', así fuera una sola vez". Esto me asombró pero, en ese momento, advertí que nunca escuché a mi suegra decirle esas dos palabras a mi esposa, ni siquiera una sola vez.

Intenté convencerla de que sí la amaba, que tal vez no pudiera expresarlo, pero que así lo demostraba la sobreprotección de su madre. Sin embargo, estas razones no fueron suficientes. Creo que Bárbara interpretaba la sobreprotección de su madre no como una expresión de amor, sino como síntoma de que no creía en ella ni en sus capacidades como mujer ni como mamá. No había confiado en ella, de tal modo que Bárbara aprendió a no confiar en sí misma y se acostumbró a suprimir sus opiniones.

A partir de ese momento, ella comenzó a hundirse día tras día. Un buen día, me preguntó por qué yo siempre parecía estar tan lleno de alegría, de vida y de entusiasmo, a pesar de todas las dificultades, y por qué siempre me recobraba de cualquier adversidad.

No había pensado antes en esto y me vi presionado a explicar mi personalidad, hasta que finalmente comprendí que yo siempre me había sentido amado por mi madre. Ella siempre me había pedido mi opinión y siempre fomentó mis pensamientos y opiniones, sin importar que fueran infantiles. Comencé a reconocer el daño que mi suegra le había hecho a Bárbara, y también a entender el esfuerzo que hizo mi esposa para no cometer el mismo error con nuestras hijas.

Al cabo de un tiempo, comencé a notar ciertos patrones repetitivos en ella: comenzó a ponerse la misma ropa todos los días. Aunque antes preparaba verdaderas delicias gastronómicas, comenzó a preparar perros calientes y fríjoles día tras día. Decidí preguntarle qué le pasaba, y me dijo que me fuera a dar una vuelta para poder estar sola. Luego, me confesó que en los dos últimos años había visto a varios sicólogos y siquiatras, y me pidió disculpas por haberse gastado nuestros ahorros de toda una vida en eso, pero que los médicos habían dicho que necesitaba un tratamiento en una institución siquiátrica.

Quedé estupefacto. Intenté convencerla de que eso era absurdo, le recordé cuánto la amábamos nuestras hijas, amigos y yo. Le dije que sus temores eran completamente infundados, que era una persona cariñosa y maravillosa, pero todo esto fue infructuoso. Creía que era una fracasada y los médicos la convencieron de que tenía una enfermedad mental. No pude hacer nada para que se deshiciera de las falsas ideas que tenía acerca de sí misma. Hay que recordar que Bárbara era una enfermera profesional, y para algunas enfermeras, los médicos son como dioses, así que la condicionaron para que pensara que ellos nunca cometían errores.

Al día siguiente, se internó en un hospital psiquiátrico y a partir de allí se deterioró rápidamente. (Sólo después de su muerte vine a saber que había intentado suicidarse cuando estuvo internada.) Bárbara se hundía progresivamente y yo estaba completamente confundido y preocupado, pues no sabía qué hacer para ayudarla. Iba a visitarla antes de ir a trabajar, a la hora del almuerzo y cuando salía del trabajo. Mis visitas duraban varias horas, tanto que me hacían salir. Luego, regresaba a casa, les preparaba comida a nuestras hijas y las acostaba. El estrés y las jornadas agotadoras comenzaron a afectarme. Empecé a descuidar mis deberes con la Reserva Naval. Nuestras hijas, que aún eran niñas, seguramente se extrañaban al ver cómo la unidad familiar se desmoronaba ante sus ojos. Tenían miedo y querían saber dónde estaba su madre; yo les expliqué lo mejor que pude.

Mi jefe comenzó a exigirme cada vez más, a pesar de que trabajaba sesenta y seis horas semanales. Le pedí un poco de comprensión y le dije que no podía trabajar más horas porque tenía que cuidar a mi familia y que, además, estábamos pasando por una situación difícil. ¡Y él sabía que Bárbara estaba recluida en un hospital psiquiátrico!

Los médicos dijeron que a mi esposa le vendría bien un cambio, que podría tomarse unas vacaciones. Yo tenía seis semanas de vacaciones acumuladas en los tres años anteriores y le dije que fuéramos donde quisiera, pero ella dijo que no podríamos pagar eso. Lo cierto era que yo estaba dispuesto a hacer cualquier cosa por tener de nuevo a mi esposa. Finalmente, Bárbara se decidió por un centro vacacional en nuestro estado.

Mi compañía no fue solidaria conmigo. Me dijeron que yo era muy valioso y me negaron las vacaciones. Le dije a mi jefe "¡Mi familia está primero! Despídeme si quieres, pero me iré de vacaciones con mi esposa. ¡Los médicos se lo recomendaron, y eso haremos!". Salí furioso, le pedí a mi madre que cuidara a las niñas, y mi esposa y yo salimos dispuestos a tomarnos seis semanas de vacaciones llenas de sol y de alegría. No habían pasado dos días cuando mi jefe me localizó. Me dijo que quedaba despedido si no regresaba de inmediato. "Está bien", me dijo Bárbara: "Regresemos, de todos modos, no estoy disfrutando este viaje". Sopesé las cosas. El hospital psiquiátrico costaba veinte mil dólares al mes, y sin empleo ni seguro de desempleo, quedaríamos en una situación precaria. Así que cedí, regresamos, y mi esposa fue internada de nuevo en el hospital.

Luego, la Marina se encargó de presionarme. Mi oficial al mando me dijo que yo estaba muy atrasado en mis labores y me ordenó dedicarle más tiempo a los proyectos de la Fuerza Naval. Terminamos discutiendo acaloradamente, me arranqué los galones que me acreditaban como capitán, se los lancé, le grité que renunciaba, y salí de la oficina.

"¡No puedes renunciar!" me gritó. "¡Haré que seas juzgado por una corte marcial!"

Después, me dio una alergia en todo el cuerpo. La picazón era insoportable. Me apliqué avena en todo el cuerpo y esperé a que me pasara la picazón. Consulté con un dermatólogo, y me dijo que mi afección se debía al estrés, el cual me había "quemado" la capa protectora que tenía debajo de la piel; señaló que probablemente padecería esta afección durante el resto de mi vida, y me formuló una crema para aliviar el dolor.

Los siquiatras del hospital me pidieron que entrara a una terapia para ayudarle a mi esposa. Yo estaba desesperado y dispuesto a hacer lo que fuera por ayudarle. Cuando terminó la primera sesión, un siquiatra me dijo que fuera a su oficina y me explicó que yo también sufría una enfermedad mental. "A mí no me pasa nada" protesté, pero él siguió insistiendo. Me echó la culpa por la inestabilidad mental de mi esposa; le echó la culpa a la sociedad norteamericana, a todo y a todos, menos a mis suegros. Dijo que era muy probable que Bárbara tuviera que pasar el resto de la vida en el hospital, pues su caso era incurable. También, me dijo que ella corría un gran riesgo de suicidarse y que tendría que permanecer bajo estricta vigilancia.

Siguió tratando de convencerme de que yo era mentalmente inestable y que tendría que internarme. Comencé a creerle. A fin de cuentas, él era médico y profesional en esos asuntos. Y allí mismo en su oficina, comencé a derrumbarme. Me convencí de que tenía razón. "¿Y mis hijas qué?, imploré, "¿Qué será de ellas con sus padres internados?"

"El estado se hará cargo de ellas; estarán en un hogar de paso", respondió con mucha naturalidad.

Esa fue la gota que colmó el vaso. Sentí que mi cerebro se partía en dos. Me desmoroné. Mi vida había terminado. Resbalé de la silla y caí al piso. "Ayúdenme, por favor", supliqué. "Por favor, dígame que esto no es real". El médico me miró despectivamente desde la posición superior de su silla, me dijo que me fuera a casa, que empacara un cepillo de dientes y que me internara al día siguiente.

Me arrastré con mis manos y rodillas, demasiado derrotado como para poder levantarme. Crucé el corredor del hospital y llegué hasta la zona de estacionamiento, intentando respirar y sin darme cuenta que estaba a punto de desmayarme. Abrí la puerta de mi auto y conseguí subirme. Encendí el motor y el aire acondicionado en la máxima potencia. Puse la boca en el ducto para recibir un poco de aire, y luego me fui llorando a casa por el futuro de nuestras hijas, pues mis hijas se quedarían huérfanas.

Llegué a casa y me metí en cama, todavía llorando. Me devané los sesos intentando dilucidar por qué mi familia había tenido un final tan triste. Me culpé por ello. Como no tenía ninguna culpa per se, mi cerebro comenzó a inventársela. Permanecí acostado en la cama, pensando en mi vida y procurando encontrar un rayo de esperanza que me alejara de esa pesadilla. Me esforzaba en comprender si los médicos tenían razón al señalarme como el culpable.

Hice un balance de mi vida y concluí que yo era un tramposo y un fracasado. ¿Cuál era la prueba? Ni siquiera me había graduado de secundaria, cosa que me avergonzó toda la vida. Pero me gradué de la universidad con honores, dije discutiendo conmigo mismo. Sin embargo, comprendí que esto era falso. Yo había presentado exámenes y aprobado cursos en la universidad sin haber leído todo lo que debía, así que después de todo, yo era un tramposo.

"Pero..." discurrí mentalmente. "Me convertí en un oficial y en un líder de la Reserva Naval". "Sí, claro", contestó mi lado oscuro. "Pero ahora te espera un juicio en la corte marcial ¿no?, ¡Perdedor!" No pude ganar esta batalla conmigo mismo. Evalué todos los actos importantes de mi vida y en todos encontré defectos. Mi adorable esposa había roto varias veces nuestro compromiso matrimonial, hasta que logré convencerla de que nos casáramos; ésta era otra prueba más de toda la cháchara que yo hablaba. Sin embargo, y luego de pensar en un posible acto luminoso en mi vida tan vacía, advertí que había procreado dos niñas hermosas, pero un segundo pensamiento echó por tierra esta conclusión. Era mi esposa quien las había parido y criado tan bien. Pues yo siempre estaba trabajando. ¿Cuál era la contribución que yo había hecho a sus vidas? Veía innumerables defectos en mi carácter y si no los había, los inventaba y sentía lástima de mí mismo.

Seguí evaluando mi vida y viendo defectos por todas partes. Era como si estuviera viendo una película de mi vida. Ésta transcurría cada vez más rápido, hasta que terminé por condenarme. Mi almohada quedó mojada con lágrimas de autocompasión. Estaba convencido de que mi vida —nuestras vidas— habían terminado, que yo tendría que internarme en un hospital psiquiátrico al día siguiente y que mis hijas terminarían en un orfanato.

Claudiqué y recé para poder dormirme. Cuando me desperté al día siguiente, lo primero que pensé fue que tenía que ser una pesadilla, que todo era como debía ser. Sin embargo, constaté que no era así. Mi almohada estaba mojada: debí de haber llorado toda la noche.

Volví a pensar en mi vida y vi que estaba regida por el fracaso. Los recuerdos y los pensamientos se arremolinaron en una espiral de condenas. Noté —aunque a regañadientes inicialmente— que había una lágrima en la película. Un punto luminoso parecía llamar mi atención, pero me resistí a reconocerlo. Los eventos siguieron transcurriendo y llegó un momento en que no pude ignorar el punto. Giré mi cabeza para verlo, la habitación se iluminó, y vi un evento de mi vida que había pasado por alto.

## *Gracia salvadora*

El evento era tan grandioso, puro y perfecto, que no pude ver ningún defecto en él. Lo recordé una y otra vez, busqué algún posible defecto y procuré distorsionarlo hasta considerarlo desagradable, así como había hecho con todos los acontecimientos de mi vida, pero no pude encontrar ningún defecto.

En aquella época, yo era el director de mercadeo de un centro comercial. Mi trabajo consistía en organizar espectáculos en el centro comercial y promocionarlos para atraer clientela. Me esforcé en ser el mejor director de mercadeo de centros comerciales en todo el país, y estuve cerca de lograrlo. Mi primera temporada de Navidad fue todo un fracaso. Las tiendas obtienen el diez por ciento de sus ganancias anuales durante las seis semanas de la temporada navideña, y si no les va bien, su balance anual será deficiente y puede llevarlos incluso a la bancarrota. Había mucha presión, pero yo estaba dispuesto a hacerle frente.

Durante mi primer año en el cargo, organicé un desfile con el papá Noel al que asistieron dos mil personas, algo que consideré como un fracaso. Hablé con mi jefe y le ofrecí mi renuncia. Ella sonrió y me dijo que dos mil personas era una cifra respetable. Le dije que había fracasado, pues a los desfiles que se realizaban en el centro de la ciudad asistían veinte mil personas. Ella me contestó que era imposible que un centro comercial pudiera recibir semejante multitud. Le dije que guardara mi carta de renuncia, y que si el próximo año no asistían siquiera veinte mil personas, dejaría mi cargo.

En la Navidad siguiente, convencí a la junta directiva de que se arriesgara y me dieran un presupuesto de cien mil dólares para la decoración, una cifra cuatro veces superior a la normal. Les prometí que recibirían ganancias proporcionales a su inversión, es decir, que yo les estaba prometiendo un millón de dólares adicionales en ventas.

Compré un paquete decorativo llamado "El reino mágico de Walt Disney en Navidad", que venía con un castillo de la Cenicienta de tres pisos, cincuenta figuras animadas, un retablo de la mina de los siete enanitos, una cabaña con muñecos de tamaño real, representando a Gepeto, Pinocho, Pepe

Grillo, Fígaro, Cleo y el Hada Azul. Me gasté mil dólares en un disfraz de Príncipe Azul, y otros mil en el vestido de la Cenicienta. También, contraté a dos cantantes de ópera para que se vistieran con esos disfraces y se pasearan por el centro comercial, cantando dos canciones de Navidad.

Organicé un espectáculo de juegos pirotécnicos; eran treinta minutos de grandiosas explosiones que costaron diez veces más que las utilizadas en el Día de la Independencia. Contraté al mejor papá Noel que había en el mercado, así como a la compañía que editaba los libros de Disney para que nos hicieran libros de formato grande que el papá Noel les regalaría a los pequeños visitantes. Lo más difícil fue conseguir una versión instrumental de las canciones de Disney como trasfondo para los cantantes de ópera, pero convencí a un museo para que me grabaran un casete con las versiones existentes.

Intenté conseguir ocho renos de verdad para que tiraran el trineo del papá Noel, pero una semana antes, un cazador furtivo entró al establo y los mató. También, hice lo posible para que Mickey Mouse, Minnie, el pato Donald, Gufy y Pluto estuvieran presentes en el desfile inaugural.

Había logrado para la Navidad, el evento promocional perfecto. Un evento podía estar muy bien organizado, pero si nadie sabía de él, sería un fracaso. Así que, a continuación, puse en marcha una campaña de publicidad hasta entonces desconocida en el sector de los centros comerciales. Gasté cincuenta mil dólares —una cifra tres veces superior al presupuesto normal— y puse en marcha una estrategia publicitaria que fue difundida por los canales de televisión en todo el estado de Wisconsin, así como mensajes radiales y anuncios de una página a todo color en los periódicos.

Había aprendido en el sector de los centros comerciales que cuando uno lanzaba una campaña comercial, recibía llamadas preguntando por los espectáculos. Cada llamada significaba que unas dos mil personas asistirían a los eventos, y recibimos entre una y tres llamadas para los eventos importantes. Luego de recibir veintidós llamadas preguntando por el reino Mágico de Navidad, llamé al Departamento de Policía y a las autoridades locales para advertirles que asistirían más de cuarenta mil personas al espectáculo de la llegada del papá Noel. Una de las personas que llamó fue un petrolero millonario de Texas, que preguntó la ruta hacia el centro comercial, pues venía con sus hijos en un avión privado. Entonces, supe que nos habíamos anotado un punto. Los policías se burlaron y comentaron que los petroleros solían ser exagerados.

La noche del evento ciento cincuenta mil personas fueron al centro comercial, aunque sólo podía alojar cómodamente a cuarenta mil. Cincuenta mil personas se abarrotaron y causaron un desastre, pues estaban completamente hacinados. Cuando los pasillos se llenaron, el público se refugió en las tiendas, destruyendo vitrinas y pisando mercancías. Invadieron la fuente, sin importar que el agua les llegara a los tobillos y cargaron a los niños en hombros. Las cuadrillas de mantenimiento apagaron las escaleras eléctricas y los asistentes se apretujaron alrededor.

Y como si fuera poco, cien mil personas estaban afuera y no podían entrar. El tráfico colapsó unos quince kilómetros a la redonda, y hubo una congestión de siete kilómetros en la autopista. Las personas dejaron sus autos en la orilla y caminaron hasta el centro comercial. Peor aún, no había espacio para que desfilaran el papá Noel y los personajes de Disney, a quienes entramos por los pasillos traseros utilizados para ingresar las mercancías, y llegamos hasta el interior luego de abrirnos paso entre la multitud.

La noche fue un desastre. Todos quedaron desilusionados o molestos. Las tiendas no vendieron nada, pues tuvieron que cerrar para que el público no entrara. La policía, que sólo envió personal de apoyo cuando se hizo demasiado tarde, comenzó a temer un posible motín. Los asistentes se indignaron bastante, pues habían conducido más de ciento cincuenta kilómetros y no pudieron ingresar. Tuve que publicar un aviso de una página en The Milwaukee Journal, pidiendo disculpas al público.

Sin embargo, la asistencia marcó todo un récord. Llamé al Departamento de producciones de Disney y obtuve permiso para que Mickey Mouse permaneciera en el centro comercial durante el resto de la temporada, y darles así gusto a los clientes, quienes podrían venir y ver el espectáculo que se habían perdido. Lo importante fue que el Reino Mágico de Navidad hizo que las ventas de la temporada aumentaran en cuarenta millones de dólares, un incremento del 36 por ciento con respecto a la temporada anterior.

## *¡Sanidad!*

Recordé este éxito y todo volvió a la normalidad. El mundo —mi mundo— empezó a componerse de nuevo. "Un momento. Yo obtuve un grado de secundaria. No importa si fue mediante un examen de validación, pero de todos modos lo conseguí. También, me gradué con honores en la universidad, gracias a mis propios esfuerzos. Además, soy oficial de la Reserva Naval, y soy increíblemente bueno. ¡Todo lo que dicen los médicos es basura! No me pasa nada y no tengo por qué hacerles caso a esos médicos fracasados y derrotistas. No me están ayudando ni a mí ni a mi esposa. ¡Que se vayan al diablo! No me internaré, tengo que criar a mis hijas y rescatar a mi esposa de ese antro, he decidido luchar.

Me levanté de la cama y tomé el teléfono. Llamé al psiquiatra que me había apabullado el día anterior. "No iré", le dije. "No necesito su supuesta ayuda. Váyase al diablo con su antro. Tengo una familia que cuidar".

"No, señor Tucker", suplicó: "Usted tiene una enfermedad mental y necesita nuestra ayuda", agregó.

Comprendí que había dudado y perdido la confianza en mí. Pero tan pronto comencé a creer de nuevo en mí y dejé de sentir autocompasión, volví a ser el de antes. Nunca más volví a mirar atrás, y concluí que, así como lo había hecho antes de creer en toda esa cháchara de los siquiatras, yo podía enfrentar lo que fuera, sin importar la gravedad de las dificultades. Desgraciadamente, mi esposa, que creía ciegamente en los médicos, no fue capaz de aceptar que los siquiatras podían estar equivocados, se negó a tener la más mínima señal de confianza en sí misma, y siguió creyendo que los doctores tenían razón al decirle que tenía una enfermedad mental incurable.

También, advertí que había sometido a mi esposa. Tenía que sacarla de ese lugar, pero sólo ella podía firmar su salida. Después de muchos intentos, logré convencerla para que pasara al menos un fin de semana en casa. Por fin, un rayo de luz estaba penetrando en nuestra pesadilla.

Cuando pasé por mi esposa, ella estaba en completo estado catatónico. Caminaba como un ente, miraba perdidamente hacia el frente y no respondía absolutamente a nada. La acosté en nuestra cama y permaneció mirando el techo sin la menor señal de vida. Entonces, se me ocurrió rezar por ella en voz alta. Me sentí como un impostor, pues yo era ateo. Sin embargo, sabía que ella creía y que podría recibir el mensaje. Me arrodillé a un lado de la cama, uní mis manos y recé en voz alta por seis horas sin ningún resultado, pero luego Bárbara se sentó completamente derecha.

"¡Aquí estoy de nuevo, William!", exclamó. "Oía que estabas rezando como si estuvieras a un millón de kilómetros de distancia. Me sentía como si no estuviera en mi cuerpo. Gracias a Dios insististe conmigo. Me has traído de regreso".

El resto del fin de semana fue casi normal. Cocinó, limpió y cantó mientras hacía estas labores. Procuré explicarle que no tenía ningún problema, que sólo había perdido la confianza en sí misma y que los médicos no le estaban ayudando a que la recobrara. Sin embargo, ella estaba segura de que tenía una enfermedad mental, y nada de lo que dije la convenció de lo contrario. Dijo que, después de todo, los médicos le habían dicho que estaba enferma, y ellos nunca se equivocaban. Le hablé una y otra vez, pero no logré comunicarme con ella. Finalmente, hice que me prometiera que no regresaría al hospital mental, que permanecería en casa y que si sentía que necesitaba ayuda médica, podía ir al hospital para una consulta, pero acompañada por mí.

Fui a trabajar el lunes por la mañana y, antes de mediodía, Bárbara me llamó desde el hospital para decirme que el siquiatra estaba preocupado por su paradero y la había convencido para que regresara al hospital. Quedé anonadado. ¿Cómo podría sacarla de semejantes garras?

Esa semana estuve muy nervioso. De vez en cuando, mientras estaba sentado en mi puesto de trabajo o en una reunión, comenzaba a temblar. Si estaba en una reunión con mis compañeros de trabajo, pedía permiso, me apresuraba al teléfono y llamaba a mi esposa al hospital, convencido de que su estado seguía empeorando. "Seguramente, está de capa caída", pensaba. Le hablaría con dulzura y le ayudaría a recobrar la confianza en sí misma. Sería un proceso lento pero seguro. No colgaba hasta asegurarme de que estuviera bien, así fuera momentáneamente. A veces, me sentaba en mi escritorio y pensaba en ella y me exaltaba tanto que corría a llamarla, y Bárbara me decía que estaba bien. Poco después, temblaba de nuevo, la llamaba y le subía el ánimo si estaba deprimida.

Logré convencerla de que firmara para salir ese fin de semana, pues ocho días antes habíamos decidido que un trabajo fuera de casa podría ayudarle a deshacerse de su autocompasión. Yo le había conseguido una cita laboral para el lunes en la mañana. El domingo por la noche, la convencí para que no regresara al hospital y, al día siguiente, me fui a trabajar.

Alrededor de las dos de la tarde, mientras estaba sentado frente a mi escritorio, una fuerza inexplicable proveniente de la pared me golpeó en el lado izquierdo y, momentos después estaba tendido en el suelo a cuatro metros de distancia, preguntándome qué demonios podría haberme golpeado. No había nadie más en la oficina. Estaba confundido y el primer pensamiento que me pasó por la cabeza fue: "Bárbara acaba de morir. ¡Dios mío; Bárbara ha muerto!" Me sentí como si me hubieran partido en dos. "No... No... no puede ser", pensé. "Lo único que sucede es que me estoy asustando de nuevo".

Me levanté de nuevo y regresé a mi escritorio para seguir trabajando. Varias horas después, me llamó mi hija. "¿Dónde está mamá?", me preguntó.

"¿No está allá?", pregunté vacilando.

"No, pero la carne está en el mostrador de la cocina", me informó.

"Bueno, tendrá que estar en algún lado", concluí. "Busca en toda la casa".

"Ya lo hice, pero no la veo por ninguna parte".

"Espera entonces. Probablemente fue a comprar algo".

Y entonces comprendí. "¿Qué estoy diciendo? Debo de ser un idiota. Si le ha sucedido algo terrible, no puedo permitir que mi hija encuentre su cadáver". Llamé a mi cuñado, que vivía muy cerca de nuestra casa. Yo estaba a cargo de un centro comercial a más de diez kilómetros de distancia. Estaba de turno y no podía salir.

"Vuela a mi casa y busca a Bárbara", le dije.

"¿Por qué?", me preguntó.

"No sé, pero estoy preocupado por ella. Apresúrate, por favor, y ve si necesita ayuda", le ordené y colgué. "¿Qué demonios estoy haciendo?", me pregunté. "Es mi esposa. Al diablo el centro comercial, mi empleo y todo lo demás. Tengo que estar con mi esposa". Tomé el radioteléfono y llamé al Departamento de Seguridad. "Tengo que irme. Quedan encargados de todo". Subí a mi auto, hundí el acelerador y me dirigí a casa sin respetar semáforos en rojo ni avisos de pare. Llegué a casa y la ambulancia estaba saliendo con el cuerpo inerte de mi esposa. Quedé destrozado. En ese momento, sentí que mi vida había terminado y que nada volvería a ser lo mismo. La emprendí contra Dios, mi país, la policía, y contra cualquiera que estuviera cerca de mí. Mi dulce y adorable esposa había muerto.

Mucho tiempo después, descubrí que Bárbara había fallecido a las dos de la tarde, a la misma hora que sentí el golpe en la oficina, y cuando se cumplían seis años de la muerte de mi suegra. Bárbara había escrito un poema en el que expresaba una desesperación sin límites por tener que vivir sin su madre, y su incapacidad para hacerlo. Esto fue algo que descubrí posteriormente.

## *Todo termina*

Nuestros familiares y amigos nos acompañaron y ayudaron con los preparativos del funeral. Los oficiales de la Reserva Naval cargaron el féretro. Luego, se fueron y nos quedamos solos. Le pedí a mi mamá que viviera con nosotros hasta que la situación se normalizara de nuevo. Se encargó de la casa, cocinaba y procuraba animarnos, pero en nuestros corazones no había espacio para el ánimo. Y cuando le aseguré que ya estábamos bien, se marchó a su casa.

Regresé a mi empleo. Mi jefe tuvo el atrevimiento de entrar a mi oficina y decirme, "Bien, eso pertenece al pasado. Es hora de rehacer tu vida". Perdí el control y le grité, "¡Desgraciado! Tú y esta maldita compañía contribuyeron a la muerte de mi esposa al no permitir que tomara mis vacaciones, ¿y pretendes que no ha pasado nada?".

"Estás despedido", me dijo. "Tienes quince minutos para desocupar tu escritorio".

Esa semana recibí una carta de la compañía que administraba el seguro de salud de mi antiguo empleador. "Lamentamos informarle que su antigua póliza de salud sólo cubre dolencias físicas. Las mentales no tienen cobertura, así que no podremos pagar la cuenta del hospital, que asciende a sesenta mil dólares, y que deberá pagar usted. Por favor, cancele pronto para evitar futuros inconvenientes".

Llamé a mi banco y solicité un préstamo utilizando mi casa como garantía, para poder pagar la deuda. Me dijeron que lo sentían, pero que mi esposa había hipotecado nuestra casa. "Ah, y de paso, usted tiene un retraso de varios meses en las cuotas de su casa". Querían saber cuándo les pagaría el dinero que les debía.

Sentí un profundo malestar. Mi esposa había desaparecido, mi empleo también, aún tenía la picazón, me habían retirado de la Reserva Naval, y poco faltaba para perder a mis hijas y a mi casa. Mis amigos y familiares se ocuparon de sus asuntos. Pedí ayuda a algunos amigos, pero me sorprendió la forma en que me contestaron. Parecía que sintieran temor de que yo persiguiera a sus esposas ahora que me había quedado solo, y que ya no fuera bienvenido. Me estaba muriendo por dentro, extrañaba a mi esposa indescriptiblemente y mis amigos me habían cerrado sus puertas.

Llamé al Departamento de Asistencia Pública. "Necesito dinero. No quiero perder mi casa ni a mis hijas. Mi esposa acaba de morir, no tengo empleo y estoy ahogado en deudas", dije.

"¿Tiene auto, muebles y otros activos?", me preguntaron.

"Por supuesto".

"Bien. Véndalos y utilice el dinero para seguir subsistiendo. Le daremos cuatrocientos dólares cuando se le acabe.

"¡Un momento! Toda mi vida he pagado mis impuestos. Ya es hora de que el gobierno me dé algo cuando más lo necesito", reclamé.

"Lo siento. Sólo ayudamos a quienes están en la miseria, y como usted tiene activos..." me dijo la funcionaria.

"Pero... se trata de salvar mi casa y a mis hijas", imploré.

"No se preocupe por sus hijas", me respondió. "Como usted no puede ofrecerles un hogar decente, el estado se las quitará por ser un padre incapaz y las llevará a un hogar sustituto, donde recibirán todo lo que necesitan".

Sentado en mi sofá, miré a través de la ventana. No podía hacer otra cosa que esperar a que "vinieran" y se llevaran todo.

Estaba furioso. La "carrera" había terminado y yo lo había perdido todo, lo cual me daba muchísima rabia, pues no era justo. En pocos meses, pasamos de ser una familia feliz y exitosa a la destrucción total. Necesitaba echarle la culpa a alguien. Hice una evaluación mental de lo que me había sucedido. Detestaba a mi jefe por amenazar mi estabilidad cuando más necesitaba mi empleo. Detestaba a la compañía del seguro de salud. Analicé de nuevo el caso del capitán de la Fuerza Naval; eran culpables de no haberme apoyado en tiempos tan difíciles. La lista de culpables continuaba: ¡Los siquiatras! Esos desgraciados eran los culpables de todo. Sentí un odio inmenso hacia ellos. Sin embargo, terminé por concluir que era yo quien había abandonado a mi esposa. Debía de ser mi culpa, pero tampoco podía tragarme esa mentira. Yo sabía muy bien cuánto la amaba y la adoraba, y cuánto me había esforzado en ayudarla. No había nadie a quién culpar.

## *Hombros inmensos*

Permanecí sentado pensando qué hacer. No quería seguir viviendo. Deseaba yacer en una tumba al lado de mi esposa y estar con ella por siempre. Sin embargo, había un problema: yo no creía en la vida después de la muerte. Recuerden que yo era ateo.

La única solución era ponerle fin a mi vida. Así, mis hijas recibirían al menos mi seguro de vida y yo dejaría de sufrir en esta vida miserable. (Las personas depresivas nunca tienen en cuenta las consecuencias negativas que un acto semejante tiene sobre los seres queridos que siguen sus vidas.) Seguí destilando ira. Necesitaba desahogarme. Tenía que salir un momento para no explotar. Miré hacia el techo. Sabía muy bien con quién descargar mi odio.

"¡Tú, desgraciado!", grité mirando al techo. "No sé si estás ahí, pero si así es, te diré que eres un mal remedo de Dios. Si estás enfadado conmigo por ser ateo, ¿por qué no me matas entonces? ¿Por qué mataste a una persona que confiaba en ti y que te amaba tanto? ¿Por qué le hiciste daño a nuestras hijas, quitándoles a su madre, quien les enseñó a creer en ti? Eres un odioso, un apestoso, y un desgraciado... ¡Tú mataste a mi esposa!"

El techo no dijo nada.

Miré por la ventana.

"¡La única solución a todos mis problemas sería morirme!", dije y miré de nuevo en dirección al techo.

"Dios miserable y apestoso. ¡No soportaré este dolor cuarenta años más! ¡Me iré de aquí! Vete al diablo, Tú y tu religión de pacotilla. Me quitaré la vida y moriré. No hay vida después de la muerte, sólo quiero dejar de sentir este dolor y esta agonía. No resisto un minuto más. Me dejaré morir de hambre. No puedes impedírmelo porque soy más poderoso que Tú, que no eres más que una falsa excusa de un Dios. ¡Dizque muy lleno de amor! ¡Vete al infierno!". Realmente, me estaba desahogando con el techo.

Y el techo seguía en silencio.

# 4

# La fórmula para recibir milagros

*Milagros...*

Seguí sermoneando con mi plan. "No comeré en tres semanas", dije en voz alta al techo. "Me moriré de hambre. Mis hijas pueden comer donde nuestros amigos; de todos modos, ya casi nunca están en casa. Este hogar ya no es agradable. ¡Desgraciado! ¡Aquí murió la mamá de las niñas! Además, no hay comida en esta casa ni dinero para comprarla. Te demostraré que eres un ser que da lástima. ¡No comeré, así dejes comida en la puerta de mi casa durante tres semanas! No me importa si todos los días encuentro comida en la puerta de mi casa a las cinco de la tarde. No comeré y me moriré. Se acabó el juego. Estoy harto de tu mundo apestoso".

Me detuve un momento. ¿Por qué dije que a las cinco de la tarde? A fin de cuentas, siempre cenábamos a las seis de la tarde. Pero, ¿cuál era la diferencia? Dejé de pensar en ello.

Las niñas regresaron de la escuela y yo seguí fiel a mi plan. Bebería mucho café con crema y azúcar, y fumaría todos los cigarrillos que quisiera para aliviar las molestias del hambre, pero no comería ningún alimento.

## *El primer milagro: comida gratis*

Ese mismo día, sonó el timbre a las cinco de la tarde. Era April, una vecina que vivía enfrente y traía una olla. "¿Se te ofrece algo?", le pregunté.

"Bueno, siento tanto lo de Bárbara y todo lo demás que... les he preparado algo para la cena", dijo extendiendo la olla.

"Si quieres darles de comer a las niñas", respondí, "están en el cuarto, pero yo no voy a comer". April entró, les sirvió a las niñas, lavó la olla y los platos y se marchó.

Pasé todo el día siguiente en el sofá, mirando por la ventana, sintiendo lástima de mí y anhelando la muerte.

Al segundo día, sonó el timbre a las cinco de la tarde. Era una persona que no conocía.

"Hola, señor Tucker", me dijo sonriendo. "Usted no me conoce y yo tampoco, pero yo asistía a la misma iglesia de su querida esposa, y lamento tanto la tragedia que están viviendo. Quise hacer algo por ustedes, así que les preparé la cena", y me entregó una olla.

"Las niñas están en su cuarto, yo no voy a comer", dije. Ella entró, les sirvió la cena a las niñas, lavó la olla y los platos y se marchó.

Al día siguiente, sonó de nuevo el timbre a las cinco de la tarde. Otra mujer a quien no conocía traía una olla.

"¿Es usted el señor Tucker?" preguntó. "No nos conocemos. Vivo a dos cuadras de aquí y me dolió tanto cuando supe de la tragedia de ustedes que quise darles un pequeño detalle a usted y a sus hijas, así que les preparé la cena", y me entregó una olla.

"Si quiere invitar a las niñas, están en su cuarto, pero yo no voy a comer", le dije. Ella entró, les sirvió la cena, lavó la olla y los platos y se marchó.

Al cuarto día, el timbre sonó a las cinco de la tarde. Abrí la puerta; era otra mujer a quien no conocía. Sostuvimos la misma conversación.

"¿Usted va a la iglesia del barrio? le pregunté malhumorado, pensando que se trataba quizá de una conspiración del vecindario.

"No. Voy a la iglesia católica de Loomis", respondió. Y le creí, pues no conocía a ningún católico en mi barrio.

Lo mismo sucedió el quinto, el sexto y el séptimo día, y durante las dos semanas siguientes. Alguien venía siempre a las cinco de la tarde a traernos la cena. No entendía nada ni pensé mucho en esto. Sólo son personas buenas queriendo entrometerse, me decía en medio de mi autocompasión. Pasaba todos los días sentado en el sofá, mirando por la ventana y esperando el día en que muriera de hambre.

Pasaron dieciocho días iguales a los anteriores y me sorprendí. No iba a morirme; sólo había perdido veinticinco libras y comenzaba a verme en forma. Me pregunté cuánto tiempo tardaría en morir de hambre. Y lentamente comencé a ver todo con claridad. ¿Qué era esto? ¿Por qué habían venido tantas mujeres a traernos comida? "Un momento", pensé. "Fui yo quien dije "comida en la puerta de mi casa a las cinco". Nadie más me escuchó decirle eso al techo. No podía ser... ¿o sí? No, seguramente estaba desvariando. Era sólo una coincidencia".

Las preguntas sin respuesta eran muchas. Le dije al techo, "¿Qué es esto, una demostración de milagros? ¿Un par de cenas gratis y dices que es un milagro? ¡Vete al infierno! ¡Guárdate tu comida! ¿Me estás buscando de nuevo? Entonces, saca a Bárbara de su tumba. Haz que regrese de la muerte, como hiciste con Lázaro, con Jesús, con esa niña y con todas las personas que menciona la Biblia. Sólo así volveré a ti y creeré en milagros. Pero mientras tanto, no comeré... Moriré... El que gano soy yo al escapar de este hueco al que Tú le llamas "mundo"... Y Tú pierdes, porque... Yo... Soy...Más... Poderoso... Que... Tú".

Obviamente, el techo no me respondió.

Al decimonoveno día, abrí la cortina de la sala cinco minutos antes de las cinco. Una viejecita menuda avanzaba lentamente en dirección a mi casa con una olla en las manos. Miré mi reloj. Tardó un minuto en cruzar la casa de los vecinos, y sonó el timbre cuando dieron las cinco de la tarde. Nuestro diálogo fue el mismo de las tres semanas anteriores. La anciana entró, les sirvió la cena a las niñas, lavó los platos y se marchó, y yo me sorprendí.

El día número veinte ni siquiera me molesté en mirar por la ventana. Me paré detrás de la puerta un minuto antes de las cinco, miré mi reloj y me pregunté si estaría funcionando muy rápido o muy despacio, y por qué el timbre sonaba siempre cuando mi reloj marcaba las cinco en punto. Cinco segundos antes de que dieran las cinco, abrí la puerta y vi a otra persona subir las escaleras que se disponía a tocar el timbre.

Cuando la mujer se fue, pensé en lo que había sucedido en las últimas semanas. "Esto es mucho más que una simple coincidencia", pensé. "Pero no puede tratarse de un milagro; hace dos mil años que no sucede ninguno, ¿verdad? Debo de estar perdiendo la razón. Sí, estoy delirando por la falta de alimentos". Yo no podía dejar de sentir que estaba viviendo en una especie de zona crepuscular. Necesitaba respuestas. Recorrí toda la casa en busca del diccionario médico. Leí la palabra "inanición". Decía que los seres humanos podían sobrevivir dos meses sin ingerir alimentos, pero que una persona podía morir de deshidratación al cabo de tres semanas. Recordé todas las jarras de café que había bebido, acompañadas de azúcar y de leche, la sustancia de la vida.

"¡Qué tonto he sido!", me dije. "Este absurdo se está prolongando demasiado". Miré al techo y dije: "Está bien. Si estás ahí, escucha entonces. Me equivoqué; no puedo morirme de hambre en tres semanas, pero estoy seguro —y así lo haré— de que podré morirme dentro de tres meses si no vuelvo a comer. Así que mi nuevo plan es el siguiente: no comeré en tres meses, así dejes o no comida en la puerta de mi casa a las cinco de la tarde. Seguramente, moriré, Tú perderás, yo me liberaré de mi dolor y mi agonía, y terminaré ganando". Sentí deseos de reírme a carcajadas, pero no lo hice, pues me pareció demasiado dramático.

Al día siguiente —un sábado—, veintiún días después de que comenzaran mis penas, el timbre sonó a las cinco en punto. Abrí la puerta y vi a un hombre vestido enteramente de blanco: camisa blanca, pantalones de trabajo blancos y un pequeño corbatín negro. Detrás de él, había una furgoneta blanca, con un emblema de un corbatín negro que decía: "Comidas a domicilio Ronald".

"Hola. Soy Ronald, de la empresa Comidas a domicilio Ronald", dijo. "Sus antiguos compañeros de trabajo y amigos del centro comercial lamentan profundamente la pérdida que ha tenido. Querían hacer algo por usted; hicieron una colecta y recogieron cinco mil dólares. Pero no querían darle sólo dinero, pues creen que no sería de muy buen gusto, así que me contrataron para que todos los días les traiga comida a usted y a sus hijas durante los próximos tres meses. ¿Le parece bien si vengo a las cinco?".

Quedé atónito. ¿Cómo era posible? No podía ser cierto. Era yo quien había mencionado esa hora y los tres meses mientras miraba al techo. Y entonces comprendí que no podía ganar ese concurso de voluntades. La comida llegaría a mi casa, sin importar lo que yo dijera o hiciera. Me reí tanto que me salieron lágrimas. Abrí la puerta de par en par y le dije al visitante que entrara. Dejó una bandeja metálica sobre la mesa y dijo: "No se molesten en lavar los platos. Nosotros los esterilizamos en nuestra cocina", y acto seguido, se marchó.

Miré al techo y dije: "Está bien: ganaste. Comeré". Llamé a mis hijas y, por primera vez en varias semanas, cené con ellas.

Al día siguiente por la mañana, me senté lleno de vigor en el sofá, miré por la ventana y pensé qué haría a continuación. Aún estaba en la ruina. Le debía sesenta mil dólares al hospital psiquiátrico. Tenía la presión de pagarles una suma que no podría reunir ni en tres vidas, y esto en caso de tener un empleo. Estaba a un paso de perder mi casa y a mis hijas, y esperaba que muy pronto fuera llamado a juicio por una corte marcial de la Fuerza Naval. Para rematar, mi picazón seguía incontrolable.

No veía ninguna solución por más vueltas que le diera al asunto. Mi vida seguía siendo desgraciada y llena del dolor luego de la muerte de mi esposa. Se me ocurrió, entonces, una idea egoísta. Miré al techo maravilloso y dije: "Está bien, Grandote. Tú armaste este lío en el que estoy metido, cavaste este abismo en el que estoy hundido, y me has mantenido con vida, así que arregla las cosas. Déjame sesenta mil dólares este mes en mi buzón postal. Si fuiste capaz de dejarme comida durante tres meses y tres semanas seguidas, no debes tener ninguna dificultad en darme apenas sesenta mil dólares", le pedí.

## *El segundo milagro: dinero gratis*

Al día siguiente, fui a mi buzón postal y encontré un sobre con un cheque por quinientos dólares. Parecía ser una rebaja de algún tipo por algo que yo había comprado en el pasado, y que no recordaba. Lo acepté incondicionalmente.

Al día siguiente, encontré otro sobre en mi buzón postal. En su interior había un cheque por dos mil dólares que me había enviado un compañero de la Fuerza Aérea. La carta decía: "Estimado William, aquí te envío los mil dólares que me prestaste hace veinte años. Los mil dólares restantes son por concepto de intereses. ¡Muchas gracias!". Yo me había olvidado por completo de ese préstamo.

Un día después, encontré otro sobre. Se trataba de una carta del Departamento de Hacienda de los Estados Unidos.

Parecía que yo había cometido un error hacia diez años y pagado más de la cuenta en impuestos, así que me enviaron un cheque por cinco mil dólares. ¡Y yo que pensaba que después de siete años cerraban todos los casos!

A partir de entonces, todos los días encontré algún sobre en mi buzón postal. Pero no se trataba de propaganda ni de facturas; todos contenían dinero en pequeñas y en grandes sumas. Por ejemplo, gané un concurso radial en el que no recordaba haber participado. Al cabo de veintinueve días, había recibido un total de veintinueve mil dólares. ¿Cómo era posible? Si estaba seguro de algo, era de que tendría sesenta mil dólares al día siguiente; plazo máximo que le había dado a Dios para que me diera el dinero que le había pedido.

Al día siguiente –el número treinta–, fui a mi buzón postal y abrí un sobre que contenía una carta y un cheque por valor de cuarenta y cinco mil dólares, enviado por el seguro médico de mi antiguo empleo. La carta decía parcialmente: "Estimado señor Tucker, luego de revisar el caso referente a la enfermedad de su esposa, hemos concluido que algunas enfermedades mentales son causadas por desequilibrios químicos en el cerebro. Un desequilibrio de este tipo puede interpretarse como una condición física y no estrictamente mental. Aunque su esposa ha fallecido y no se pueden establecer las verdaderas causas de su enfermedad, hemos decidido determinar que ésta se produjo como consecuencia de un desequilibrio físico. Le hemos enviado un cheque correspondiente al setenta y cinco por ciento del valor de la cuenta médica de su esposa. Esperamos que esto no suponga un inconveniente para usted".

Quedé atónito... pero, y esto es lo realmente importante... ¡no me *sorprendió*! Yo estaba *esperando* que ese cheque apareciera en mi buzón, aunque no supiera de dónde vendría.

# 5

# Cómo recibir milagros

## *La lámpara mágica de Aladino*

Pagué la cuenta del hospital psiquiátrico. ¡Por fin un poco de aire! "Ahora", le dije al techo con aire confiado, "Nosotros... es decir, Tú, tienes que hacer algo para salvar mi casa. Necesito dinero en efectivo para pagar la cuota del préstamo que hizo Bárbara". Y luego alejé esto de mi mente (una de las cosas más importantes que he hecho en mi vida), me senté de nuevo en el sofá y miré otra vez por la ventana, pensando en la forma tan extraña en que habían transcurrido las cosas.

Al día siguiente, había otro sobre en el buzón. Mi antigua compañía me envió una carta diciendo que yo había acumulado cincuenta mil dólares en mi fondo de retiro, y me enviaron un cheque por esa suma.

Estaba viviendo un sueño. Todo parecía haberse arruinado, pero ahora, y sólo con pedirlo, todo estaba saliendo como quería. Mis hijas estaban bien, nuestra casa también. Pude seguir con vida. Comencé a sentir que me recobraba emocionalmente de la pérdida de mi esposa, y empecé a hacer planes y a tratar de ser un buen padre. El capitán de la Fuerza Naval me llamó para disculparse, me dijo que no había denunciado mi caso de "insubordinación" y que podía regresar a la institución, así que comencé de nuevo mis clases mensuales de instrucción.

Mi salud comenzó a mejorar. La picazón desapareció en un noventa por ciento, cosa que le atribuí a Dios y a una disminución del estrés. Todos los días había rezado para que desapareciera esa picazón, pero es interesante analizar cómo eran mis plegarias. Yo no le pedía todos los días a Dios para que me curara, pues me parecía un poco forzado. A fin de cuentas, ¿no bastaba con pedir una sola vez? Concluí que si pedía dos veces, ¿no quería esto decir que no creía que sucediera al pedirlo la primera vez? Tal vez, no había ninguna sinceridad cuando se pedía algo por segunda vez. Mi forma de rezar era simplemente decir, "¡Gracias por curarme, Padre!" Ni siquiera me molestaba en buscar evidencias de la curación. ¿Para qué? Si sentía picazón, me aplicaba la crema formulada por el médico y pensaba que Dios me haría el milagro a su debido tiempo.

Pasé el año siguiente buscando trabajo, pero siempre me rechazaban. Pensé que como tenía más de cuarenta años, no me sería nada fácil conseguir empleo. Intenté probar suerte con un par de proyectos que fracasaron. Utilicé el dinero del fondo de retiro para asegurarles estudios universitarios a mis hijas, y viví un tiempo del dinero sobrante, pero después me quedó muy poco. Estaba de nuevo sentado en el sofá, pensado cuál sería mi próxima jugada.

Pensé: "¿Por qué yo, si hay tantas personas? No he sido un creyente. Hay muchas personas que van a la iglesia todos los domingos a pedir milagros y no los reciben. ¿Por qué me habría de elegir a mí? Esas personas merecen un milagro en respuesta a su fe, pero yo no. He sido un pagano. ¿Por qué Dios se habría dignado en responder a mis plegarias? ¿Qué sucedería a continuación, en esta extraña cadena de acontecimientos que me sucedían a mí, aunque no por mí?"

Me obsesioné con esta pregunta; tenía que encontrar una respuesta. Inspeccioné toda la casa, tratando de encontrar la Biblia de mi esposa. Tal vez, la respuesta estuviera allí y decidí leerla hasta encontrarla. La había abierto algunas veces durante mi infancia, pero no tardaba en cerrarla de nuevo, pues su lenguaje me parecía incomprensible. Más tarde, cuando era adulto e investigaba sobre varias religiones, la Biblia me decepcionó porque había muchos pasajes bastante sentenciosos en los que Dios mataba a algunas personas porque otras se lo habían pedido, y eso no me pareció correcto. Sin embargo, ahora tenía una misión. Leí toda la Biblia, aunque no encontré lo que buscaba. Lo que sí descubrí fue que no era muy difícil de entender. Decidí leerla otra vez.

No encontré lo que buscaba en la segunda lectura, pero aprendí otra cosa; que la Biblia era un documento simple, tanto así que un niño podía entenderla si se esforzaba. Todos los libros de la Biblia parecían reducirse a un solo mensaje, y sorprendentemente, el mensaje era siempre el mismo: creer en Dios.

Pero yo todavía necesitaba una respuesta a mi pregunta. ¿Por qué yo? Así que la leí por tercera vez, y encontré la respuesta. En Marcos 11, 22-25, había una fórmula para obtener un milagro con sólo pedirlo. Comprendí por qué era que tantas personas no recibían milagros: sólo seguían el primer paso de la fórmula, que constaba de tres partes. Reflexioné sobre mis experiencias recientes y vi que había seguido los tres sin proponérmelo. Dios no tenía elección. Según ese pasaje, Dios promete concederte lo pedido cuando sigues las instrucciones.

A mí, que no era creyente, me parecía evidente que si alguien seguía fielmente la fórmula, no podría dejar que se le cumpliera su voluntad porque Dios lo había prometido. Si no sucedía esto, sólo dos cosas podían ser ciertas: o Dios no existía, o era un mentiroso. Como nada de esto era cierto, Dios tenía que aparecer. Se encendió la lámpara de Aladino y otra vez volví a ser creyente.

Medité sobre la petición que le hice a Dios para que doblara la hoja y cayeran gotas del cielo azul. Yo no había creído antes de pedir, y éste era uno de los pasos de la fórmula. Yo sólo había intentado que Dios me demostrara su existencia. Pero la regla es: "Primero la fe, luego la prueba". Si fuera suficiente con pedirle a Dios que demostrara su existencia, todas las personas serían creyentes, y no sería necesario creer ni tener fe. En aquel entonces, yo no entendía por qué Dios había establecido un sistema semejante. No fue sino hasta varias décadas después, cuando leí el pensamiento de Dios detrás de todos los aspectos de la vida y del mundo en *Conversaciones con Dios*, la trilogía escrita por Neale Donald Walsch, que entendí este concepto tan sublime y adorable. Todo lo que nos dice la Biblia una y otra vez es que creamos en Dios. Aparentemente, nosotros no lo hacemos, y de ahí la razón de esta advertencia.

¿Por qué yo? Porque, cuando hablaba con el techo (era obvio que imaginaba estar hablando directamente con Dios), le daba a Dios lo que me pedía: creer. No le hablamos a nadie si no está presente, y mis reclamos fueron sinceros.

¿Cuál es, entonces, la fórmula para obtener milagros? Es muy simple, y sin embargo, es lo más difícil de hacer: confiar en lo imposible, en lo inexplicable, por anticipado. San Marcos lo expresa así (11, 22-25):

Y Jesús les contestó: tengan fe en Dios. Pues les aseguro que si alguien le dice a este cerro: ¡Quítate de ahí y arrójate al mar! Y no lo hace con dudas, sino creyendo que ha de suceder lo que dice, entonces, sucederá. Por eso les digo que todo lo que ustedes pidan en oración, crean que ya lo han conseguido, y lo recibirán. Y cuando estén orando, perdonen lo que tengan contra otro, para que también su padre que está en el Cielo les perdone a ustedes sus pecados.

Entonces, la fórmula es:

1. Pídele lo que quieras a Dios en tu plegaria.
2. Cree, anticipadamente, que ya ha sucedido.
3. Perdona en tu corazón a quien sea que juzgues.

Descubrí que hay que seguir los tres pasos para que Dios nos haga milagros. Todos los creyentes parecen seguir el primer paso. Pero si nos detenemos allí, no podremos obtener el milagro y, entonces, probablemente le echaremos la culpa a Dios por habernos fallado, y no al revés.

Creo que el paso tres no es estrictamente necesario. En el pasaje que he citado de san Marcos, lo único que se necesita es pedirle lo que quieras a Dios y creer realmente, en el fondo de tu corazón y por anticipado, que sucederá; la promesa te será cumplida. En el tercer paso, Dios nunca juzga a ninguno de sus hijos y ciertamente no encuentra defectos en ninguno de ellos. ¿Cómo podría hacerlo? Si Dios creó el mundo, ¿cómo podría responsabilizarnos por lo que hizo?

A manera de ejemplo religioso, Jesús dice una y otra vez, "No juzgues si no quieres ser juzgado". Yo lo interpreto como un pensamiento que tiene dos partes: 1. No juzgues a los demás y, 2. Si juzgas a los demás, Dios podrá juzgarte, y encontrarte tantos defectos como tú a quien has juzgado. En otro pasaje, Cristo dice que sólo Dios y Él pueden juzgar, pero nosotros no, así que ¿por qué habrías de hacerlo tú? Entonces, el segundo paso de la advertencia "No juzgues si no quieres ser juzgado" parece ser sólo una táctica disuasiva. Su intención es que nos concentremos en el primer paso y entender que juzgar a los demás es algo inútil y no tiene sentido. De hecho, cuando juzgamos a los demás, ¿no estamos actuando de manera impía, puesto que Dios no nos juzga a nosotros?

Muchas personas pueden citar ejemplos de situaciones en las que se hace necesario matar, como por ejemplo, en las guerras o con la pena de muerte. Deberíamos preguntarnos cuál es el objetivo de la pena capital. ¿Qué queremos decir cuando nosotros como sociedad condenamos a muerte a un asesino? ¿Que él no puede matar porque eso está mal, pero nosotros los "buenos" sí? ¿Acaso no damos diversas explicaciones sobre el asesinato, le asignamos un valor al tipo de asesinato y determinamos quién puede o no hacerlo? ¿No estaremos jugando a ser Dios con respecto a la vida de otras personas, pero no queremos que otras personas jueguen a ser Dios con nuestras vidas? ¿Qué importancia tiene tomar la vida de otra persona? ¿Enseñar una lección? ¿Servir de ejemplo a los asesinos potenciales? ¿Funcionarán estas estrategias? ¿Matar a los asesinos ha hecho que desaparezcan los asesinatos? Tal vez, lo hagamos para vengarnos, para hacernos sentir bien por haberles pagado con la misma moneda. ¿Matar a un semejante nos hace sentir mejor?

Si estás a favor de que los asesinos sean asesinados a su vez, creo entonces que dos cosas deben ser ciertas. La primera es la actitud fundamental de que la vida es sagrada. ¿Santificamos la vida y hacemos todo lo posible para prolongar la vida tanto como sea posible? Y si así es, ¿por qué lo hacemos? ¿Se trata de una competencia que podemos ganar? Consideremos el caso de un soldado que ha sobrevivido a varios años de guerra y, tan pronto desciende del avión que lo trae de regreso a casa, muere al ser atropellado por un conductor embriagado. ¿Es posible mantener a alguien con vida un poco después de la fecha que Dios ha fijado para su muerte? Si la vida pudiera prolongarse por siempre, ese podría ser el caso entonces. Pero ya que todos los seres humanos moriremos algún día, ¿no sería más productivo emplear nuestro tiempo en la calidad de nuestra vida y no en el tiempo vivido?

La segunda es que cuando juzgamos a los demás, transgredimos los deseos de Dios, ¿y cómo podría Dios recompensarnos con un milagro si le hemos fallado? Todos debemos escoger si queremos que Dios nos satisfaga nuestras necesidades y que sucedan o no milagros en nuestras vidas. Si los celos, los juicios, la venganza, las represalias, la ira y el odio son más importantes para nosotros que vivir en armonía con el prójimo, será así entonces como seremos libres de vivir. En esto consiste el "libre albedrío". Si Dios me hubiera ofrecido la manzana en el Paraíso, me gustaría creer que la habría rechazado. Pero Dios no nos ofreció la manzana, y según la religión, yo soy un pecador desde mi nacimiento porque otra persona lo hizo. Yo no puedo creer en ese cuento de hadas, pues mi Dios está lleno de amor. Dios no los juzgaría ni les encontraría defectos ni tampoco me juzga.

El tercer paso no es fácil, pero podemos seguirlo si ponemos nuestra mente y nuestro corazón en ello. Yo hago lo siguiente: me abstraigo del asunto en cuestión y me remito a la fuente, expresión que significa considerar a la persona de donde proviene lo censurable. En otras palabras, en vez de juzgar a otra persona, debemos abstraernos de los conflictos de poca importancia y tratar de entender cuáles son los antecedentes de esa persona. Es mejor apiadarnos de ellos por su falta de entendimiento, que juzgarlos. Toda la humanidad fue creada por Dios y somos sus hijos. Todos nosotros somos seres estupendos que tratamos de estar bien en este mundo, solos y temerosos. Temerosos de fracasar, de cometer errores, de sufrir un daño físico o emocional. Temerosos de todo y de cualquier cosa. Cuando pienso en el hecho de que todas las personas tratan de hacer lo mejor, es fácil perdonar, sin importar cuánta maldad o estupidez haya en sus actos.

Hablando de miedo, tenemos que escuchar lo que dice la gente. Alguien podría leer este libro y decir: "me temo que no puedo creer lo que dice el autor". Esa persona tiene miedo. Tiene miedo de creer, o de que no sea cierto. La parte operativa de su afirmación parece ser "temo". Toda la humanidad parece tener miedo, pero ¿de qué? Creo que de la muerte. Pero más importante aún, tiene miedo de que tal vez Dios no exista y de que estemos solos en este planeta. Qué tristeza de ellos, qué tristeza de nosotros. ¡Qué triste fue para mí!

Así que el segundo paso, es decir, creer anticipadamente, me pareció casi imposible de seguir o bien increíblemente fácil. Imposible, porque les prestamos mucha importancia a las cosas que nos preocupan. Deseamos a toda costa que suceda algo extraordinario (como por ejemplo, que un ser querido se cure de un cáncer), y nos parece sencillamente maravilloso sentir el privilegio de recibir semejante regalo. Rezamos y pedimos, pero nuestro miedo nos vence y entonces dudamos. Obviamente, eso no es demostrar la fe, así que cuando un ser querido muere, descargamos nuestra angustia en Dios y lo culpamos.

Sin embargo, el segundo paso es el más fácil de seguir si nos deslindamos de los resultados. Es por ello que, a veces, es más fácil que un ateo reciba un milagro. Como no cree en Dios ni en sus milagros, no se molesta en pedirlos. Sólo se resigna a los resultados esperados y deja que las cosas transcurran con naturalidad. De repente, el ser querido se cura del cáncer y, entonces, se pregunta por qué. El "porqué" se debe a que no se preocupa ni se molesta por ello. Deja que "pase", y al hacerlo, "deja actuar a Dios" sin proponérselo.

A veces, ansiamos algo tan desesperadamente que temamos "dejarlo pasar", y esa es nuestra perdición, porque esto demuestra una falta absoluta de confianza en que Dios sí entiende nuestros deseos.

# 6

# Recibe milagros cuando los pides y crees en ellos

## *Milagros gratuitos*

Regresemos a mi descubrimiento accidental de cómo suceden los milagros. Yo había recibido milagros y estaba familiarizado con la fórmula. ¿Qué debía hacer con ese don? ¡Frotar la lámpara mágica! Aún estaba desempleado, necesitaba un empleo. Y comprendí que podía conseguir el empleo que quisiera, sólo con pedirlo y creyendo.

## *Perdonar*

Tenía muchas cosas por hacer: estar al lado derecho de Dios y perdonar a muchas personas. Como era algo complejo, comencé por lo más fácil. Pensé larga y detenidamente sobre mi jefe de la Marina y también sobre esta institución. Concluí que habían sido muy insensibles con mi tragedia familiar y que habían contribuido en algún grado a la muerte de mi esposa. No obstante, perdonar a la Marina era fácil; las instituciones están conformadas por personas y, sin embargo, éstas no fueron conscientes de las dificultades de mi esposa. En cuanto a mi jefe, era fácil perdonarlo gracias a algo que sucedió un par de días después del funeral.

Esos fueron los peores días de mi vida. El dolor por la pérdida de mi esposa era insoportable. Sentía un peso que me aplastaba el pecho, no me dejaba respirar y me tensionaba tanto que me quedaba dormido en medio de una frase, despertándome después con el dolor. No pensaba con claridad ni racionalmente, fumaba un cigarrillo tras otro y comía muy poco.

Mi jefe, quien había terminado por solidarizarse conmigo luego del fatal desenlace, y tal vez sintiendo un poco de culpa, me llamó una noche: "William, entiendo lo que estás viviendo. Mi esposa me abandonó hace un par de años. Eso fue muy doloroso, pero poco después, mis padres murieron. Mis abuelos paternos y maternos habían fallecido pocos años atrás. Así que, en muy poco tiempo, pasé de tener una familia grande, feliz y afectuosa, a estar completamente solo en el mundo. Fue un golpe devastador, y no hubiera podido sobrevivir de no haber sido por un amigo mío que me llamó y me hizo prometer algo que haré que me prometas.

"Es probable que una de estas noches te despiertes a las tres de la mañana, enciendas un cigarrillo y te sientes en la oscuridad a revivir el dolor de tu pérdida. Llorarás y te preguntarás si vale la pena seguir con vida. Decidirás ponerle fin a todo, irás a la cocina, sacarás un cuchillo y te cortarás las venas. Pero quiero que me prometas que cuando llegue esa noche, me llamarás antes de sacar el cuchillo. ¡Llámame en ese instante!"

Aunque le dije: "Me siento bien", lo cierto era que yo estaba pensando suicidarme. "Además, no te llamaré a las tres de la mañana. Tienes un bebé y no voy a molestarte con semejante tontería", le dije mintiendo y pensando, "Me lo he quitado de encima y ahora podré suicidarme".

Una semana después, me desperté a las tres de la mañana. Me levanté a tientas, fui a la sala y encendí un cigarrillo. Me senté a revivir el dolor y sentí que no quería vivir sin mi esposa. Lloré. Decidí que no quería vivir. Me dirigí a la cocina y abrí el cajón de los cuchillos. Vi uno afilado, suspiré y lo tomé. El teléfono sonó. Miré el reloj y me pregunté: "¿quién podrá llamarme a las tres de la mañana?"

Era mi jefe. "¡Phil! ¿Por qué me llamas a las tres de la mañana?", le pregunté.

"A propósito", replicó, "¿qué haces a esta hora?"

"Nada".

"Guarda el cuchillo en el cajón", me ordenó.

Tartamudeé como un niño sorprendido con las manos en un frasco de galletas. "¿Cuchillo? ¿Cuál cuchillo?"

"Mira, William", continuó, "no eres la primera persona que pasa por esto. Todos necesitamos un poco de ayuda de nuestros amigos y de Dios en este tipo de situaciones. Por favor, guarda el cuchillo en el cajón".

Hice lo que me dijo. "¿Cómo sabías que estaba en la cocina buscando un cuchillo?"

"No lo sabía. Pero todas las noches dejo el despertador a las tres de la mañana y te llamo. Si no has respondido al tercer timbre, sé que no era la noche. Me propuse llamarte todas las noches hasta que contestaras. Ahora, vuelve a tu cama y no me mientas nunca más".

Su amabilidad me conmovió. "Me has salvado la vida".

"Sólo te estoy pasando el milagro, amigo, así como lo hicieron conmigo".

Después de esto, fue muy fácil perdonarlo. Sin embargo, aún faltaban mi antigua compañía y mi ex jefe. Comprendí que no tenían una bola de cristal para poder predecir el futuro mejor que yo. Decidí tener en cuenta las circunstancias, indagar en mi corazón y perdonarles sus despropósitos.

A quienes más me costó perdonar fue a los siquiatras. Me enteré de que el veinticinco por ciento de sus pacientes se suicidan. A los cirujanos, en cambio, sólo se les mueren el dos por ciento de los pacientes en la sala quirúrgica, lo que no me sorprendió. Era obvio que una ayuda siquiátrica sin ningún tipo de fe no serviría de nada, pero no me fue fácil desprenderme de mi rabia.

Consulté con un abogado a fin de demandar a los siquiatras por negligencia. Quería que esos desgraciados pagaran por haberle robado a Bárbara su confianza en sí misma y por ser responsables de su muerte. En ese entonces, no lo consideré como un acto de venganza. El abogado me devolvió a la realidad. "Puedes demandarlos, pero primero tienes que dar treinta mil dólares", me dijo. "Sin embargo, y según las leyes estatales, lo máximo que podrías recibir serían cincuenta mil dólares. La asociación psiquiátrica hizo lobby en el Senado y consiguió protección para sus miembros. Además, no podrás ganar el caso porque tendrías que encontrar dos siquiatras que testifiquen contra los médicos de tu esposa, y creo que no podrás conseguirlos, pues se protegen mutuamente".

No tenía otra alternativa que indagar en mi corazón y encontrar la forma de perdonarlos. ¡De verdad! A fin de cuentas, Dios sabría si yo estaba fingiendo. Mi nueva relación con Dios era demasiado importante para permitir que esos desgraciados se interpusieran entre nosotros. Terminé perdonándolos por su ignorancia. Concluí que, en alguna fase de mi vida, podría ayudarlos a entender los errores que cometían mientras trataban de ayudar a sus pacientes, extirpándoles la autoestima.

Si comprendemos que hay un Dios que nos ama más de lo que podemos saber, que nos cuida mientras creamos en Dios y en su poder para hacerlo, no tendremos nada que temer. Terminarás por entender que nada importa, salvo nuestra fe en Dios. Y así, ¿cómo podría alguien perder la confianza en sí mismo? Mientras Dios me ame, yo me amaré a mí mismo.

## Hora de seguir

Era hora de conseguir un empleo. Miré por la ventana, pensando qué quería hacer. Siempre había querido ser empresario, pero ¿con qué negocio? Siempre me había gustado la publicidad y el campo editorial, pero ¿cuánto costaría montar una empresa? ¿Cincuenta mil, cien mil dólares? Había pasado más de un año desde mi último milagro y estaba arruinado de nuevo.

Miré al techo y dije: "Dios, por favor, entrégame un millón de dólares sin ningún tipo de deducciones para montar mi propia empresa durante los próximos catorce días. Quiero ser presidente de una compañía editorial o de publicidad".

Supe que era trato hecho y entonces lo alejé de mi mente. Después de todo, ya había hecho mi petición y la había conseguido. De hecho, ¡era asunto concluido! Una hora después, sonó el timbre. (¿Sientes escalofríos? Yo también los sentí.) Era Russ, un amigo mío, quien también había sido despedido por mi antigua compañía pocos meses antes que yo. Me dijo que ya que estaba desempleado, llamaba para proponerme que pusiéramos un negocio. Le pregunté a qué clase de negocio se refería. Abrió su maletín y sacó una revista.

"Se trata de una revista de publicidad", dijo. "Me gustaría que la publicáramos".

"Fantástico" respondí. "Hagámoslo".

Quería que yo fuera el presidente, pues ya habíamos trabajado juntos y aunque había sido jefe mío, sabía que yo tenía más experiencia que él. Intenté resistirme, pero él insistió y terminé aceptando. Sonreí al ver cómo se me daban las cosas. Pero faltaba algo: le había dado catorce días a Dios para que lo hiciera.

"Bien, jefe", me dijo riéndose. "¿Cuál es la primera orden del día?"

Le dije que teníamos que alquilar una oficina, comprar muebles, un teléfono y buscar empleados. Adicionalmente, teníamos que contratar una firma de abogados y otra de contabilidad. Mi amigo quiso saber cómo lo haríamos. "Conseguiré el dinero para cubrir todos los gastos", le respondí.

Me preguntó cómo podíamos conseguir una firma de abogados y otra de contadores sin dinero en efectivo. Le dije que les ofrecería un puesto en la junta directiva, y que les pagaríamos con un porcentaje de la mercancía.

Mi socio me visitó una semana después. "Súbete al auto. Te mostraré algo". Fuimos al centro de la ciudad y entramos a nuestra nueva oficina, que bullía de actividad. Unos hombres descargaban muebles, los empleados de la compañía telefónica instalaban las líneas. Russ me presentó a nuestra secretaria y a algunos vendedores que estaban siendo entrevistados, nos sentamos en nuestros confortables escritorios y pusimos los pies encima.

Luego, me dijo: "He conseguido una de las firmas de abogados más prestigiosas de la ciudad. Le dije a nuestro abogado asociado que queríamos contratar su firma por seis meses, pero que no teníamos dinero. Se le desorbitaron los ojos y me preguntó por qué razón habría de prestarnos servicios legales gratis por seis meses. Le respondí que le ofreceríamos un puesto en la junta directiva. Se rio tanto que casi se cae de la silla. Recobró la compostura y me dijo, 'Eres todo un cara dura' y aceptó mi oferta. No vas a creer lo que sucedió después".

"Claro que sí", respondí.

"Le dije que también necesitábamos una firma de contadores bajo el mismo acuerdo, y le pedí si podía recomendarme alguna. Y esa vez se rio hasta caerse de la silla. Llamó al director administrativo de una importante firma de contabilidad y le dijo: 'He regalado tus servicios por seis meses', y se rio sin parar.

"¡Bien hecho!". Yo estaba impresionado, pero no sorprendido.

"¿Cómo conseguirás el dinero?", preguntó.

"No he comenzado aún, pero el negocio está cerrado. Todavía me quedan siete días".

"Creo que necesitamos cincuenta mil dólares. ¿Cuánto piensas conseguir?", me dijo.

"Un millón de dólares".

"¿Un millón de dólares? ¿Estás loco? ¿Dónde vas a conseguir semejante suma?"

"No te preocupes. Me he encargado de todo", dije confiado. Me gustaba sentarme en el sofá a esperar a que el dinero llegara hasta la puerta de mi casa. Todos mis milagros habían sucedido así.

Russ no podía permanecer quieto. "Salgamos a conseguir el dinero", me sugirió, pero rechacé su oferta. "Está bien. Vendamos entonces algunos avisos mientras esperamos".

"De acuerdo, pero con una condición", respondí. "No le pediremos el millón de dólares a nadie". Russ aceptó.

Llamamos a un par de bancos para ver si su departamento de préstamos de hipotecas quería publicar un aviso en nuestra revista de bienes raíces. Entramos al primer banco, pedimos hablar con el presidente y nos hicieron pasar sin cita previa. El presidente escuchó atentamente mi propuesta y dijo que no estaba interesado, pues nuestra revista podría ofender a un sector de la competencia con el que el banco tenía negocios. "Pero", dijo rápidamente, "quiero regalarles dinero para que comiencen su negocio. ¿Les servirían cincuenta o cien mil dólares?".

Russ me miró desconcertado. Le pregunté al presidente qué había detrás y me respondió que nada. Yo sabía que él esperaba que una vez consolidáramos nuestra empresa, podríamos suministrarle información sobre posibles clientes en busca de préstamos. Sin embargo, no nos exigió nada. Nos pidió un plan de negocios y una solicitud formal por la suma de dinero que quisiéramos. Dijimos que, al día siguiente, se los llevaríamos (al día número trece de los catorce días que le había dado a Dios para que me diera un millón de dólares).

Trabajamos hasta muy tarde en la noche, elaborando el plan de negocios y la solicitud del dinero. No sabíamos qué tanto dinero "gratis" podríamos sacarle al banco, pero acordamos pedir doscientos cincuenta mil dólares. Sólo necesitaríamos otras tres personas como él y estaríamos listos. Llegamos al banco y le entregué los documentos al presidente. Cerró los ojos y abrió el plan de negocios en una página cualquiera. La señaló con el dedo, leyó la información y nos dijo: "Demuéstrenlo".

No contábamos con esto. "Habíamos inventado casi todo el plan, ya que es lo que se acostumbra hacer, pero él había señalado algo demostrable. Russ y yo nos miramos sin entender. Y, entonces, se me encendió un bombillo. El papel que yo había tomado poco antes de salir de la oficina demostraba lo que el presidente quería. Lo saqué del maletín y lo dejé sobre el escritorio.

Lo leyó y luego miró la solicitud. "¿Un millón de dólares?" gritó. "¿Están locos? ¡No les daré todo eso!

"Está bien, que sean cien mil dólares entonces", dijo Russ.

"No", exclamó. "Si necesitan doscientos cincuenta mil dólares, estaré botando mi dinero a la basura. Tendrán más posibilidades de irse a bancarrota que triunfar". Y acto seguido, nos mostró la puerta. Russ se desinfló, pero yo no. A fin de cuentas, lo del millón de dólares ya era trato hecho. Tal vez, había una razón para haber ido a ese banco en primera instancia.

En ningún otro banco, pudimos hablar con el presidente sin una cita previa, así que regresamos a la oficina para planear una estrategia. Pedimos citas, pero en todas partes nos rechazaron. Necesitábamos una persona a quien un banquero le debiera un favor, y para ello teníamos que conocer a alguien que también nos debiera un favor. Encontramos a esa persona, quien nos consiguió una entrevista de diez minutos con un banquero. "Díganle que ya me ha pagado la deuda", me dijo al oído.

Al día siguiente, nos condujeron a la oficina del vicepresidente ejecutivo. "Les concedí esta cita sólo porque le debo un favor a alguien", comenzó diciendo. "Me dijo que ustedes sólo necesitaban diez minutos". Puso su reloj en el escritorio y lo miró. "Tienen diez minutos... comiencen".

Comencé a hablar, pero el banquero no apartaba los ojos del reloj. Yo miré el mío y me callé cuando habían transcurrido diez minutos. Hubo un silencio. Luego, me miró y me dijo: "Aún te queda un minuto".

"Sí", respondí, "He terminado. ¿Quieres comprar un aviso?"

"No, pero de todos modos gracias por venir", replicó. Me puse de pie para dirigirme hacia la puerta. Russ vaciló.

Obviamente, él no quería claudicar tan pronto. Sin embargo, para mí los negocios eran negocios y ya habían transcurrido diez minutos. Llamé a Russ y salimos sin mirar atrás. Pero justo antes de cerrar la puerta, escuché al banquero decir: "Un momento. ¿Tienen un plan de negocios?" Yo se lo expuse. Nos hizo preguntas durante tres horas. Eran las ocho de la noche del decimocuarto día.

El banquero se llevó la mano al bolsillo interno de su saco y extrajo una chequera. Llenó un cheque, lo desprendió y lo puso frente a nosotros. ¡Era por un millón de dólares! "Quiero comprar acciones en su empresa", dijo con toda naturalidad. Russ suspiró y yo sonreí confiadamente. Tenía mis manos en los bolsillos, acariciando mis últimas monedas —de cinco centavos—, mientras miraba el cheque. "¿Qué porcentaje?"

"El ochenta por ciento".

"El cuarenta y nueve por ciento", le respondí. "Queremos tener el control".

"No con mi dinero", nos dijo.

"Cuando tome este cheque del escritorio, ya no será tu dinero", repliqué sonriendo. Afortunadamente, él y Russ también se rieron.

Las negociaciones se extendieron varias semanas, pero finalmente recibimos el cheque y comenzamos nuestra propia empresa. Y luego cometí un error fatal.

Miré hacia el cielo con una confianza absoluta en mi habilidad para los negocios y dije: "Bueno, Dios. Gracias por el dinero. Soy capaz de seguir solo. Puedes tomarte unas vacaciones o hacer lo que quieras. Yo manejaré la compañía". (Si esto no les sorprende, debería hacerlo; yo no me sorprendí sino hasta que estaba completamente perdido.) Mi única excusa era que yo era nuevo en el mundo de los milagros, y ese fue mi error fatal.

Había una particularidad. Teníamos que comenzar a operar en San Diego. Conseguí quien cuidara a mis hijas, viajé con mi socio, rentamos una oficina y comenzamos operaciones en esa ciudad.

## *Toda una vida de esperanzas*

Esta historia me recuerda a mi amigo Joe, quien tuvo una infancia difícil y tuvo que valerse por sí mismo desde muy joven. Se fue de casa al terminar la secundaria y recorrió el país como músico itinerante. Pasó así gran parte de su vida y desarrolló una gran capacidad de discernimiento. Es muy inteligente y de mente ágil. Nunca duda de sus capacidades. Si tiene un problema, asume que podrá resolverlo, así sepa o no del asunto. Nunca estudió mecánica, pero si su auto sufría un desperfecto —cosa que sucedía con frecuencia— tomaba una llave, se metía debajo del auto y no salía hasta repararlo. Y siempre lo lograba. Creía que era capaz de aprender cualquier cosa. "La necesidad es la madre de la invención", solía decir. "Ah, sí. Y el padre de la frustración. Pues a fin de cuentas, ¿qué es más frustrante que la necesidad?"

Joe era muy bueno para ver las evidencias que escapaban a las demás personas. Una vez me envió una carta y miré la dirección del remitente para ver desde dónde la había enviado, pues viajaba mucho. Había escrito en la parte superior izquierda. ¡Entréguenla!

Me reí hasta que me salieron lágrimas. Era típico de él. No tenía paciencia con quien no pudiera seguirle el ritmo. Su intención era ésta: "Señor cartero, no se moleste en buscar una excusa para devolver esta carta. Cumpla con su trabajo y entréguesela a William".

Siempre se anticipaba a lo que la gente podría decir, pues sostenía que somos animales de costumbres, a excepción de él. Lo último que uno desearía era discutir con él. Siempre superaba a los demás, y sus palabras te atravesaban como un cuchillo; siempre tenía la razón y demostraba su sabiduría, así que no sólo perdías el argumento, sino que te sentías como un tonto.

Más adelante en su vida, Joe encontró a Dios. Sucedió como un milagro. Íbamos atravesando el desierto de Mojave y él estaba frustrado con su profesión. Era casado y tenía dos hijos, y viajar constantemente de un club a otro y no poder estar con su familia era algo que lo estaba desgastando mucho.

Yo estaba comenzando con mi revista y necesitaba buenos vendedores. Joe podía hacer cualquier trabajo, así que le propuse que trabajara conmigo. En esa época, vivía en Phoenix, y necesitaba su auto para trabajar, así que me ofrecí para ir a Phoenix y acompañarlo hasta San Diego. Una vez allí, comenzaría a trabajar, se organizaría y podría traer a su familia.

Le hablé apasionadamente de mis milagros recientes mientras viajábamos por el desierto. Le expliqué cómo había encontrado a Dios, y le conté los milagros que me había concedido y aunque el límite de velocidad era de 75 kilómetros por hora, Joe iba a 100. No había autos en la autopista.

De repente, una patrulla de la policía salió de un lado de la carretera con las luces y la sirena encendidas. "No puede ser", se quejó Joe. "Veinticinco kilómetros de más es una falta grave".

"¡Ahí tienes!", exclamé emocionado. "Siempre que le comento a alguien sobre los milagros de Dios, viene y hace otro. Éste es para ti, Joe. No vas a recibir ninguna multa", le dije.

"Claro que sí. ¡Me agarraron con las manos en la masa! No puedo hacer que el policía cambie de parecer".

"Escúchame bien. Sé lo que te estoy diciendo. Cierra los ojos, inclina tu cabeza en el respaldo del asiento, y aparta todo esto de tu mente, especialmente, tu preocupación y tu actitud fatalista. Y luego di, "Padre, perdóname por lo que pueda tener contra cualquier persona. Realmente lo perdono", pero que sea de verdad. Luego, pídele a Dios que haga que el policía no te sancione. Si crees lo que te estoy diciendo, y crees que Dios te hará este milagro, así será".

Llevaba varias horas contándole acerca de mis milagros y él estaba muy impactado. Me miró como si estuviera tratando de entender lo que yo le contaba, y se encogió de hombros. "No tengo nada que perder. Es mi única opción. Estoy acorralado". Inclinó su cabeza hacia atrás, cerró los ojos y oró.

El policía se acercó a nuestro auto. "¿Sabes a qué velocidad venías?, preguntó amablemente.

"Sí, señor", respondió Joe. "Miré el velocímetro cuando escuché la sirena. Marcaba cien kilómetros por hora".

"Es cierto. Eso significa un exceso de velocidad de 25 kilómetros. Muéstrame tu licencia". Joe se la entregó y el policía se fue a su patrulla.

"Espero que esto no sea un presagio de lo que sucederá el resto del viaje", dijo Joe.

"¿Terminaste tu plegaria?", le pregunté.

"Sí, ¿y ahora qué?"

"Nada. Ahora aléjala de tu mente. Es trato hecho. No habrá ninguna multa".

"William, me excedí en más de 25 kilómetros. ¿Cómo crees que el policía podrá olvidarse de esto?

"Ah, ¿entonces crees que Dios no puede superar un pequeño reto como éste? Si se tratara de algo fácil, no habría necesidad de un milagro.

"Está bien. Entiendo". Joe cerró los ojos e inclinó su cabeza de nuevo.

"No vuelvas a preguntármelo", le advertí. "No dudes. Si pediste con sinceridad, dalo por hecho. Quédate ahí sentado y deja que te invada la apacible sensación de haber recibido un milagro", le dije.

El policía regresó. "Bien, te diré lo que voy a hacer. Como no tienes antecedentes, te daré una oportunidad. Recibirás una amonestación de advertencia. Pero si sigues conduciendo con imprudencia, perderás la licencia de conducción".

Creí que Joe quedaría boquiabierto, pero no. Giró con calma y me miró. "Gracias por la presentación", me dijo sonriendo.

"¿Sabe de algún lugar dónde podamos desayunar?, le pregunté al oficial.

"Por supuesto; ya es hora de hacerlo. Síganme".

Entramos al restaurante en medio del desierto y estaba completamente vacío. Nos acomodaron en dos mesas adyacentes y charlamos y nos reímos con el policía. Cuando nos levantamos para salir, él tomó nuestra cuenta y dijo: "Yo invito". Nos miramos con incredulidad. Sentí que Joe quería preguntarle por qué había decidido no multarlo, pero Dios le aconsejó no hacerlo. Creo que Joe concluyó que no era necesario. Los dos supimos quién le había ayudado cuando lo necesitaba.

Esa fue su primera experiencia en recibir un milagro de la cual tuvo conocimiento, aunque yo creo que él —así como la mayoría de nosotros— podía recordar algunos acontecimientos "afortunados" en su vida y considerarlos como los milagros que realmente eran. He notado que siempre que le explico a alguien cómo funcionan los milagros de Dios, siempre hace un milagro demostrativo, como para darle más veracidad a mi relato.

## *Las bendiciones tocan todas las vidas*

Cuando Joe comenzó a trabajar conmigo, hizo un esfuerzo descomunal para aprender a hacer las preguntas necesarias para vender correctamente. Él le decía a todo el mundo lo que era obvio para él, así que debió costarle mucho aprender. Obviamente, yo no podía decírselo. Sólo podía enseñarle una serie de preguntas fáciles que condujeran al auto descubrimiento propio del método socrático (para mayor información, ver el próximo capítulo). Pero cuando logró dar el salto, no hubo quien lo detuviera; se convirtió en mi vendedor estrella y, finalmente, en el director de ventas.

Un día, le pregunté cómo podía venderle a los clientes más difíciles.

"Antes de tocar la puerta, digo en voz alta: 'Dios, ayudemos a estas personas. Hagamos esto por nosotros'. Y sigo pensando en esto hasta que me compran".

Joe había aprendido otro secreto: que cuando ayudamos a los demás nos ayudamos a nosotros.

Este secreto es lo que hace que todas nuestras experiencias sean tan gratificantes. Cuando pedimos un milagro —como el del millón de dólares—, los otros actores del escenario también se benefician, incluso los que dan el dinero. Regresemos a la historia del milagro del millón dólares para ver cómo terminó.

# 7

# Recibe lo que realmente crees

*Todo termina en ruinas...*

Desde un comienzo, Russ y yo cometimos errores por los cuales pagamos más adelante. Era emocionante viajar en aviones privados, alojarse en *penthouses*, rentar limosinas y publicar una revista exitosa. De hecho, la revista aún sigue vigente, veintiún años después de su primera edición. Pasé de la ruina espiritual y económica a la opulencia, casi de la noche a la mañana. Pero no crean que no sé a quién le corresponden los méritos.

Pero ahora yo estaba a cargo, aunque no tenía la misma confianza en el talento para las ventas que había adquirido luego de trabajar varios años como vendedor por comisión. Habían pasado muchos años desde que me hinchaba los nudillos vendiendo de puerta en puerta cuando era todavía un niño. Contraté a un equipo de vendedores y a un director de ventas tras otro. Cada director de ventas era peor que el anterior y las ventas declinaban aceleradamente; pasaron de veinte mil dólares mensuales a cero en el cuarto mes. Decidí que tenía que hacerme cargo del equipo de vendedores, y poco después las ventas comenzaron a aumentar. Entrené de nuevo a los vendedores, las ventas aumentaron a treinta mil dólares en el primer mes y luego ascendieron a noventa mil. Sin embargo, la compañía seguía perdiendo dinero.

Yo trabajaba catorce horas al día y siete días a la semana, pero seguíamos hundiéndonos en el campo financiero. Mis empleados se esforzaban al máximo, pero las cosas no iban bien. Yo no podía resolverlo todo, y estaba completamente solo, y como si fuera poco, Dios estaba de vacaciones, por lo menos de mí. Redujimos los gastos operativos y personales, nos mudamos del hotel lujoso en el que vivíamos a un apartamento amoblado y económico, pero seguimos perdiendo dinero. La revista era exitosa en cuanto que los que pautaban ganaban dinero y los clientes vendían sus casas. Sin embargo, yo no podía detectar el problema financiero.

Un día, Russ y yo nos reunimos para pagar cuentas. Para ese entonces, ya habíamos abierto una sucursal en Milwaukee, Wisconsin. Yo dirigía el departamento de ventas y Russ el de producción, pero cada uno estaba al frente de una sucursal; él tenía la de Milwaukee a su cargo, y yo la de San Diego. Russ supervisaba la contabilidad, hacía y firmaba los cheques, luego me traía las cuentas y los cheques para que yo los revisara y refrendara antes de enviarlos por correo. Nuestras ventas se dispararon tras lanzar un equipo de telemercadeo y ventas, pero nuestras instalaciones ya eran pequeñas. Si reducíamos el número de vendedores para poder seguir en nuestras instalaciones, las ventas caerían a niveles inaceptables. Consideramos la posibilidad de alquilar unas instalaciones más grandes, pero teníamos un contrato de arriendo por nuestras oficinas y no podíamos perder ese dinero. Pensamos alquilar un local en un sector cercano, pero dividir a nuestro equipo de vendedores no funcionaría en términos logísticos. Estábamos hundiéndonos y nos dolió enfrentarnos a lo inevitable. Russ y yo nos devanamos los sesos, tratando de resolver el problema, pero no se nos ocurrió ninguna solución.

Finalmente, volví a "subir las escaleras y pedí": "Querido Dios. Por favor, ayúdanos a salir de este problema".

Yo estaba revisando cuentas y firmando cheques cuando Russ me dijo que el arrendador de nuestra oficina había llamado.

"¿Qué quería?", pregunté con desgano.

"Me dijo que la empresa que está al lado se mudará y quería saber si estaríamos interesados en ese local".

Me sorprendí. "¿Y qué le respondiste?"

"Le dije que gracias, pero que no teníamos dinero".

"¿Cómo? ¡Esa es la solución y la salvación de nuestra empresa!".

"Es una oficina separada y lo que necesitamos es un gran espacio abierto. No creo que esa sea la solución".

"Le podemos pedir que derribe la pared divisoria".

"¿Derribar una pared? No lo hará", replicó Russ.

Lo miré sin poder dar crédito a sus palabras. "¿Crees que Dios se habría tomado la molestia de venir hasta San Diego, hacer que se venciera el contrato de arrendamiento de la compañía de al lado, y poner en la cabeza del arrendatario la idea de llamarnos y ofrecernos ese local, que es la solución ideal al problema que está afectando nuestro negocio, para no hacer luego que el arrendatario acepte derribar una simple pared?"

Era evidente que Russ y yo teníamos percepciones muy diferentes sobre los milagros.

Russ llamó finalmente al arrendatario. "¡Aceptó!", me dijo emocionado.

"Nunca lo dudé", le respondí. "Es obvio que era un trato hecho".

Yo veía claramente los errores de Russ, pero no podía ver los míos. A pesar de la expansión y del incremento en las ventas, los costos de producción seguían aumentando más que nuestras ganancias. El millón de dólares con el que habíamos comenzado nuestra empresa se esfumaba rápidamente, pero no se me ocurrió "subir las escaleras" en busca de una solución. Después de todo, el negocio era responsabilidad mía, ¿verdad?

Ya nos habíamos gastado casi todo el millón. Russ me dijo que se iba de vacaciones con su familia y me pidió el favor de asumir sus funciones. Pensé que tal vez podríamos reducir los costos sin afectar las ventas si imprimíamos la revista en un papel más barato y en un formato más pequeño. Llamé al impresor para concertar una cita. Le dije que queríamos reducir costos y le pedí que me hiciera una nueva propuesta.

Él me propuso un papel de mayor calidad y un formato más grande, aunque el precio era un setenta por ciento inferior al que habíamos pagado por nuestra publicación semanal. La curiosidad me invadió.

"¿Cómo puedes hacerlo por semejante precio?", quise saber.

El miró sumisamente y trató de justificar su presupuesto debido a nuestros volúmenes, los cuales habían aumentado. Le recordé que imprimíamos el mismo tiraje desde hacía un año, y no tardé en descubrir la verdad: llevaba un año cobrándonos más de la cuenta, y lo mismo hacía nuestro impresor de California.

Le exigí que me devolviera todo el dinero. Ambos me dijeron que si yo insistía y llevaba el caso a los tribunales para recuperar el dinero, se arruinarían. "Bien que se lo tienen merecido", pensé, pero luego concluí que Dios no quería que yo me vengara. "No juzgues y no serás juzgado" fue la frase que se me vino a la mente. Los perdoné.

Los costos disminuyeron sustancialmente, pero ya era demasiado tarde. Cuando Russ regresó de vacaciones, tuvimos que aceptar que estábamos al borde de la bancarrota. Le pedimos una inyección de dinero a nuestra junta directiva, pero uno de nuestros detractores aprovechó la oportunidad para demolernos. Convenció a los otros miembros, quienes rechazaron nuestra propuesta y regresamos derrotados a nuestra oficina.

## El milagro final de la revista

Viajé a Milwaukee. Pensamos cuál podría ser nuestro próximo y último paso. "¿Cómo están nuestras finanzas?", le pregunté a Russ.

"Podemos publicar la edición de esta semana", me dijo, "pero tendremos que cerrar. Le avisaré al personal que trabajaremos hasta el viernes". Eso me dejó consternado.

"Tendremos que llamar a los arrendatarios y decirles que estamos arruinados. Aquí en Milwaukee no tendremos mayores problemas, pues no renovamos el contrato y hemos pagado cada mes gracias a la expansión de San Diego, pero aún debemos algunos meses en California. Tenemos algunos acreedores importantes. Creo que una vez cerremos el negocio, nuestras deudas ascenderán a siete mil quinientos dólares, y no podremos pagarlas. Sin embargo, ese dinero será desestimado por el tribunal de bancarrotas".

"¡Rayos!", dije, "no me gusta deber dinero. Después de todo, ellos nos dieron crédito de buena fe. ¿Podríamos hacer algo al respecto?"

"Podemos hacer un préstamo sobre nuestras casas, pero si no lo pagamos, tendremos que mudarnos a un albergue estatal".

"Yo no quiero arriesgarme a jugar el último centavo que me queda y perder mi casa", señalé.

"¿Por qué no apelas a uno de tus famosos milagros?", me dijo con un poco de ironía, pero también con humor.

¡Buena idea! Eso era lo que me había faltado durante todo ese tiempo, pues había intentado hacer mis propios "milagros".

"¿Tienes dinero?", pregunté entusiasmado.

"Me quedan doscientos dólares si decido no pagar ni una cuenta más".

"¿Qué pasa con nuestro apartamento de California?"

"El contrato se vence el lunes".

"¿Tenemos tiquetes de avión?". Se me había ocurrido una idea y estaba empecinado en ella.

"Sí, dos boletos de ida y regreso a San Diego".

"Bien. El plan es el siguiente: viajaremos a San Diego, rentaremos un auto y compraremos víveres con el dinero que nos queda. Trabajaremos desde el apartamento y tendremos tres días para encontrar un comprador para la revista. Después de todo, es una publicación exitosa y sólida en términos financieros, sobre todo ahora que los costos de impresión están bajo control. Deberíamos aprovechar esta última oportunidad para salir de deudas.

"Pero mañana es viernes, y nadie trabaja el fin de semana".

"Oh, tú, hombre de poca fe", dije sonriendo.

Llegamos a San Diego al día siguiente por la tarde. Rentamos un auto, entramos al apartamento y comenzamos a llamar a posibles compradores. No tuvimos "suerte". (Pensé que ese día no había sucedido ningún milagro.) El sábado nos vestimos con traje y corbata; nos sentamos en el sofá, nos miramos y hablamos un poco. Russ caminaba de un lado al otro de la sala.

"¿Qué haremos ahora?", me preguntó.

"Ya lo estamos haciendo", le expliqué. "Estamos esperando un milagro".

"No puedo sentarme a esperar. Tengo que hacer algo. ¿Qué tal si voy a la oficina del arrendador, le comento nuestra situación financiera y me disculpo por vernos en la obligación de terminar el contrato?"

"De acuerdo. Yo me quedaré aquí, esperando a que nuestro milagro entre por esta puerta, porque sé que así sucederá".

Estaré sentado aquí, la puerta se abrirá, y el milagro que esperamos entrará por la puerta".

Russ salió. Hice una y otra cosa en el apartamento, sin prestarle importancia al milagro ni a nuestros problemas. Yo sabía que el milagro no se materializaría si pensaba en él, y no podíamos permitirnos eso.

Dos horas después, la puerta se abrió de par en par. Russ entró como un rayo, completamente emocionado.

"¡No tienes idea de lo que nos acaba de suceder!", gritó.

"Claro que sí", respondí en tono calmado y sonriente, sabiendo que el milagro acababa de entrar por la puerta.

"¡No, escucha!", me dijo sumamente excitado. "Le expliqué nuestra difícil situación al arrendatario, y él me dijo, 'No se preocupen por el contrato, tengo un cliente que quiere subarrendar el local hasta que pueda arrendarlo directamente; tal parece que es el local perfecto para él. ¡Ah, y a propósito, creo que tengo un cliente para el negocio de ustedes!'. E inmediatamente lo llamó. A propósito, es un contador. Hablé con él y me dijo que nos comprará el negocio: tendremos dinero para pagar todas nuestras deudas".

Miré al techo y dije "gracias" en silencio. "Me alegro que hayas traído el milagro, Russ".

"Ah, sí...", dijo recordando mi *pronóstico*.

Hablamos el domingo con el comprador y llegamos a un buen acuerdo. Mientras volaba de regreso a Milwaukee, pensé en los dos últimos años y en ese fin de semana, indagando en lo más profundo de mi alma en busca de las lecciones aprendidas. Estaba claro que una cosa era entender intelectualmente un concepto, y otra muy diferente vivirlo con fe; definitivamente, tenía que crecer mucho en términos espirituales. Una vez más, me había visto al borde del desastre económico. Pudimos pagar nuestras deudas, pero quedaba un asunto por resolver: cómo ganar dinero de nuevo...

## Vivir la fe de los milagros

Mi amigo Joe tiene una gran confianza en sí mismo. Terminó secundaria y pudo haber asistido a la universidad, pero no le interesaba. No veía la hora de vivir su propia vida. Tuvo algunas cosas en claro, como por ejemplo, que estaría a la altura de cualquier desafío que la vida le deparara. Estaba convencido de que podía encontrar la solución a cualquier problema: reparar un auto, fabricar instrumentos musicales electrónicos o sostener a su familia.

La mayoría de las personas que yo conocía se empleaban tan pronto terminaban sus estudios de secundaria o universidad y se acostumbraban a recibir un cheque semanal. Con el tiempo, se volvían dependientes de ese cheque, tanto así que llegaban a temer por sus empleos. "¿Qué me pasará a mí y a mi familia si pierdo mi trabajo y me quedo sin ingresos?".

El miedo los mantiene atados a sus empleos. Se someten a la voluntad de otros porque no conciben sus vidas sin su cheque semanal. Con el paso del tiempo, y disgustados consigo mismos por haber traicionado sus principios, comienzan a creer que son seres humanos inferiores. Desisten de buscar otro empleo, pues concluyen que valen poco o nada para los demás empleadores. Aunque no son promovidos ni les aumentan el salario, se repiten para sus adentros que no los despedirán gracias a su lealtad: "Después de todo, ¿no me he vendido una y otra vez por el bien de la compañía?" Quienes se encuentran en esta situación pueden sufrir decepciones, sentir rabia y creer que no tienen suerte. Sueñan en los posibles éxitos que habrían podido tener. Sueñan con vivir en lugares exóticos y comienzan a culpar a Dios por haberles dado una vida tan llena de frustraciones.

Joe nunca creyó ser una de esas personas, pues no tuvo ningún trabajo estable antes de trabajar en mi empresa. Vivió hasta los cuarenta años sin recibir cheques semanales, algo que me sorprendió. Yo, que siempre había tenido trabajos estables, no podía imaginar cómo sería vivir semana tras semana sin saber si tendría dinero para pagar el arriendo, comprar víveres, gasolina y cubrir los demás gastos. Joe hizo lo mismo que casi todas las personas; se casó, tuvo hijos y compró una casa, pero nunca recibió un cheque semanal.

Se ganaba la vida gracias al don que Dios le había dado para la música, tocando en clubes nocturnos. Vivía de ciudad en ciudad, pasaba de un grupo musical a otro, según los dictados de sus gustos y necesidades. Era cauto con el dinero porque no lo recibía semanalmente, y logró mantenerse a flote haciendo lo que le gustaba.

Cuando vendí la revista, convencí al nuevo propietario para que dejara a Joe como vicepresidente del departamento de ventas. Nos dimos la mano y nos despedimos, pues yo regresaba a casa.

"Yo también me voy", me dijo.

"¿Por qué?, le pregunté. "Te he conseguido un trabajo estable y bien remunerado, y ya no tienes que preocuparte por sostener a tu familia".

"Nunca lo he hecho", señaló con orgullo.

"No entiendo".

Me dijo que antes de trabajar para mí, se convenció de que todo iba a funcionar, gracias a la confianza que tenía en sí mismo. No veía la necesidad de preocuparse. "Preocuparse no es la solución, y mucho menos una opción. ¿Adónde te llevan las preocupaciones? No sólo no te llevan a ninguna parte, sino que te derrotan".

Crecí mucho ese día; yo estaba preocupado por mi futuro, por saber adónde iría, cómo sostendría a mi familia cuando se me acabara el dinero y me quedara sin empleo. No sabía cuál era mi futuro, y aunque creía en Dios, le dije a Joe que sentía temor.

"¿De qué tienes miedo? Si sientes miedo, interferirás con la visión que tienes de la vida y no estarás en el lugar necesario para encontrar el empleo que vas a buscar. Además, no tendrás la disposición mental para trabajar cuando consigas un empleo".

Joe tenía razón. Pensé en esto mientras iba en el avión. Eso fue hace dieciocho años, y aunque a veces he estado desempleado, tengo la fortuna de decir que Joe tenía razón; los empleos no son para siempre.

Joe volvió a retomar su carrera musical y su grupo llegó a ser el más popular de Phoenix. Y, entonces, como si estuviera probando sus firmes creencias en sí mismo y en Dios que todo lo provee, hizo algo que muchos considerarían descabellado. Me dijo: "No quiero seguir aquí, William. No estoy disfrutando del ambiente de los clubes nocturnos. De hecho, nunca me ha gustado, sólo era el lugar donde debía estar para interpretar mi música. Creo que no refleja lo que representa mi vida. Dejaré de tocar en los clubes".

"¿Y de qué vas a vivir?", le pregunté.

"No lo sé. Tocaré mi música. Pero, ¿dónde? Dios se encargará de esto. Ya sabes que no me preocupo por eso".

"¿Acaso los trabajos no están en los clubes nocturnos?"

"A veces, doy conciertos en estadios. Hay trabajo. Claro que es probable que gane mucho menos, pero lo importante es que llevaré una vida más sana en cuerpo, mente y espíritu. Vale la pena ganar menos, si puedo llevar la vida que me gusta".

Dios se hizo presente de nuevo, le consiguió oportunidades laborales y Joe quedó en mejor situación que nunca. Aún así, él tenía que aprender otra lección, quizá la más difícil de todas.

## El "ego" se interpone

Antes de aprender a formular preguntas para ayudar a sus clientes, Joe ya contaba con la capacidad de derrotar verbalmente a cualquier persona. Se vanagloriaba de ello pero le molestaba que tuviera necesidad de hacerlo. Tenía una mente tan ágil que, con mucha frecuencia, le molestaba que los demás no pudieran seguirle, y le irritaba tener que explicar de nuevo y repetir lo que consideraba obvio.

Comenzó a ir a la iglesia, pues sentía que su vida tenía vacíos. Se ofreció como voluntario para interpretar música en los servicios religiosos y les daba clases musicales a los niños. Siempre se ofrecía para hacer lo que fuera necesario.

Un día, me llamó muy emocionado. "William, tuve una experiencia maravillosa".

"Cuéntame de qué se trata".

"Estaba discutiendo con alguien, como sabes que lo hago a menudo, y lo estaba apabullando con mi lógica y mi agilidad. Me sentí muy superior a él luego de propinarle una estruendosa derrota. Luego, regresé a casa, pero la discusión me seguía martillando en la cabeza. Sentí que había faltado algo. Medité y sentí remordimiento por haber expuesto mi argumento con tanta rudeza. Sin embargo, mientras pensaba en la discusión, me repetía una y otra vez, 'Sé que tengo la razón. Lo sé'.

"Y, entonces, una voz extraña me interrumpió y escuché que me dijo pausadamente: '¿Y la amabilidad qué?' Tuve que confrontar mi propia alma. 'No', respondí. 'No fui amable. No fui nada amable'. Nunca soy amable. Me sentí como un fracasado. Ser más listo que los demás no sirve de nada. Lo único que importa es amar al prójimo, y eso lo podemos expresar por medio de la amabilidad. ¿Qué he hecho durante todos estos años? ¡He sido tan ciego al amor de Dios!"

"Has sido amable conmigo", dije lacónicamente.

Él se rio y yo también. Nos reímos durante mucho tiempo. Actualmente, Joe está trabajando para ser tan amable como (humanamente) puede...

## ¿Por qué los milagros son difíciles para los "creyentes"?

Quisiera explicar cómo entendí por qué creer por anticipado funciona. Creer por anticipado que recibiremos el milagro que hemos pedido a la hora que queramos sólo sucede si delegamos todo en Dios y nos quitamos del camino. Podemos decirle a Dios qué y cuándo, pero no dónde ni cómo, pues decirle esto sería asumir el control. Ahora, si intentamos mantener el control, tendremos que hacer el milagro, y eso no sucederá nunca. Decirle a Dios qué y cuándo no es asumir el control; es pedir algo y hacer que Dios trabaje. Creo que el trabajo de tiempo completo de Dios es hacer milagros; es algo que hace todo el día.

Citemos el ejemplo de las curaciones por la fe. Si crees que Dios te sanará, así será. Yo creo que cuando alguien decide no ir al médico, quizás le está diciendo a Dios que no lo utilice para concederle un milagro. En mi opinión, esa persona está manteniendo el control y determinando cómo es que Dios tiene que hacer el milagro, y sinceramente no creo que nos corresponda decirle cómo tiene que hacer su trabajo; sólo hay que pedirle que lo haga, hacernos a un lado y dejarlo trabajar.

Más adelante, narraré casos de curaciones por la fe, así como un milagro potencial que fracasó estruendosamente: yo no veo ningún problema si Dios quiere hacer milagros por medio de los médicos. Creo que esa es su prerrogativa y llamado, y que puede hacerme los milagros del modo que quiera siempre y cuando se manifieste. Para mí, creer significa saber por anticipado. Si sabemos que algo ya es un trato hecho, no tendremos que preocuparnos más por eso.

Muchos de nosotros somos instrumentos de Dios y, generalmente, no sabemos cuándo nos está utilizando o nos ha utilizado para hacer milagros. Un ejemplo de esto son las mujeres que me llevaron comida a mi casa. Dudo que Dios las hubiera llamado por teléfono para decirles, "les tengo una misión". Intuyo que ellas sintieron deseos de hacer algo amable, y se sintieron bien al hacerlo. Tal vez, encontraron cierta paz interior al sentir que estaban haciendo el trabajo del Señor. Sin embargo, es probable que no sepan lo que su acto de amabilidad significó para mí hasta que lean este libro y se vean retratadas en él. No existe un sentimiento más agradable que saber que Dios te ha utilizado para hacerle un milagro a otra persona.

## ¿Por qué los milagros pueden ser más fáciles para los no "creyentes"?

He terminado por pensar que nosotros los creyentes nos equivocamos al suponer que si creemos en Dios, tendremos que ayudarle. Los no creyentes parecen creer, a veces, que conseguirán todas las cosas buenas que esperan. No parecen tener una razón específica que explique por qué creen eso. Si uno les preguntara con insistencia, probablemente, responderían que son "afortunados". Y creo que cuando así lo hacen, están demostrando que tienen fe en que Dios se encargará de sus asuntos, aun así no le den crédito por lo que hace, o que no consideren estos actos como milagros.

Seguridad: ese es el secreto del éxito. Creer en nosotros. Si sentimos que estamos solos en el mundo, a veces, es muy difícil mantener la confianza en nosotros. Abundan las personas que nos dicen que estamos equivocados. Si les creyéramos, no tendríamos confianza en nosotros y estaríamos condenados.

La depresión es producto de la pérdida de la confianza en nosotros. El antídoto es comprender que no existe una persona mejor, más inteligente y correcta en la faz de la tierra que nosotros. ¿Cómo puede ser posible esto? ¿Cómo puede otra persona saber lo que es mejor para nosotros? Ellos no están en nuestros zapatos ni tienen que enfrentarse a los retos que la vida nos impone todos los días. La vida no les ha dado nuestros retos y problemas a nuestros amigos ni detractores, así que ¿cómo podrían saber qué es lo mejor para nosotros?

Recibimos aquello en lo que creemos. Si queremos decirnos a nosotros mismos que estamos locos, obtendremos la locura. Si nos decimos que somos los más inteligentes y las mejores personas del mundo, adivinen qué sucederá: nos llenaremos de confianza. Y cuando cambiamos nuestra actitud, eso se refleja en nuestras caras, en la sonrisa cálida que tendremos para todos, bien sea para un amigo o un enemigo. Nuestros pasos se vuelven luz. Irradiamos una alegría que cautiva a los demás, los atraemos hacia nosotros, nos admiran porque nos quieren tener a su alrededor para ayudarnos... así comienzan a salir las cosas.

¿Por qué querrán ayudarnos? Porque reconocen en nosotros eso que han estado buscando durante todas sus vidas. Ven que tenemos el secreto del éxito y quieren un poco para ellos. Creerán que si están con nosotros y permanecen en nuestra buena compañía, los contagiaremos.

Aquí va un ejemplo. Un hombre que dice no creer en Dios obtiene su grado universitario y piensa que esto lo califica para un buen empleo. Envía su hoja de vida a varias compañías. Tiene un par de entrevistas, lo aceptan y obtiene un empleo. ¿Qué ha creído? Que consiguió el empleo gracias a sus capacidades. Pero, ¿realmente fue por eso?

Creemos en la ley de la causa y el efecto, ¿verdad? Es apenas lógico. Pensemos en lo siguiente: ¿Y qué de la disponibilidad laboral? Tengamos esto en cuenta: ¿Existe alguna posibilidad de que el empleo que buscaba estuviera disponible precisamente cuando se graduó y comenzó a buscar empleo? ¿Tuvo suerte? ¿Qué es ese elemento misterioso al que llamamos "suerte"? ¿Se trata de "azar"? Si así es, ¿no es posible entonces —ni tampoco probable— que el azar signifique buena suerte o mala suerte? Por definición, el azar no siempre es positivo, ¿verdad?

¿Es posible que exista alguna clase de patrón "organizado" en nuestras vidas en vez del azar?

Pongamos como ejemplo el caso de las bailarinas y los recolectores de basura. Hay cien mil recolectores por cada bailarina, a Dios gracias. Necesitamos muchos más recolectores que bailarinas para que el mundo "funcione". ¿Qué pasaría si hubiera cien mil bailarinas por cada recolector de basura? Veríamos a los recolectores vestidos con tutús, pavoneándose por las calles mientras recogen la basura. Creo que lo que a primera vista parece ser un mundo caótico, realmente, puede obedecer a un plan maestro.

¿Qué sucede entonces si asumimos que se trata de buena suerte o de mala suerte? ¿Podremos percibir una correlación? ¿Acaso las expectativas de las personas no terminan por cumplirse? ¿Conoces a personas "de malas" que siempre se lleven la peor parte? ¿Acaso estas personas no esperan no tener "buena suerte"? ¿Y qué del caso del joven que consiguió el empleo? ¿No buscó empleo esperando que hubiera uno disponible para él en el momento indicado?

Todo lo que esperamos es un regalo de Dios; todo es un milagro. Dios nos concede lo que esperamos. Cada acto, si se hace confiando en que se obtendrá un resultado específico, se llevará a cabo. Si esperamos que haya un empleo disponible, lo habrá. Si esperamos que no lo esté, así será. Si tenemos la esperanza de esperar, Dios nos concede esa expectativa y nosotros esperamos.

El problema que tienen los no creyentes es que cuando las cosas se ponen difíciles, pierden la confianza en su visión optimista o en la providencia. Y ¿a quién acuden a buscar ayuda y comprensión sin un Dios? El milagro se les va de las manos; ese es el riesgo que corren los ateos y los agnósticos.

Los creyentes y los no creyentes podemos controlar nuestro destino. Podemos hacer que sucedan milagros en nuestras vidas de manera consciente o inconsciente. La lección que aprendí fue que la clave para obtener las cosas, los hechos y los milagros que deseamos es entender nuestra relación con Dios, y lo que nos pide. Esa fue mi lámpara de Aladino. Podemos obtener lo improbable. Podemos obtener lo inverosímil. El poder de Dios no tiene límites ni fronteras, sólo "expectativas". Todas las religiones que he estudiado confirman lo que Jesús les dice a los cristianos en Marcos 11, 22-25: "Crean en Dios y todas las cosas serán posibles". Puedo decirles, gracias a mi experiencia, que no sólo son posibles, sino que aquello en lo que crees —en lo que verdaderamente crees con tu corazón— sucederá, sin importar lo absurdo que parezca.

# 8

# El miedo anula los milagros

*Resurgiendo de las cenizas*

Mientras pensaba qué quería hacer a continuación, repasé mentalmente los éxitos que habíamos alcanzado con la revista. Realmente, me gustaba ser entrenador de vendedores. Disfrutaba de sus éxitos, me gustaba salir con ellos para que vieran cómo se hacía una venta y verlos sudar para hacer una venta hasta lograrlo.

Mi táctica de entrenamiento se basaba en dos conceptos que había valorado durante el transcurso de mi carrera. El primero era el principio de que realmente no podemos venderles cualquier cosa a todas las personas, especialmente si no quieren comprarla, suponiendo que no quieren hacerlo porque mi producto no les sirve para resolver su problema. El segundo es que no podemos venderle cualquier producto a las personas; sólo podemos facilitarles su propia decisión para comprar.

## 1. Miedo a comprar

La única razón por la que existen los productos y los servicios es para satisfacer una necesidad. He descubierto que las personas pueden temer a comprar incluso un producto que verdaderamente quieren y necesitan. El concepto de "comprar" algo suele asustar a la mayoría de las personas. Nadie quiere cometer errores y, sin embargo, tenemos que tomar decisiones basadas en una información limitada y en creerle al vendedor. Muy pocas personas están dispuestas a confiar en un vendedor. A fin de cuentas, su trabajo es vendernos algo —lo que sea— y vivir de eso.

Así que me cercioré de que mis vendedores entendieran que yo no esperaba que les vendieran "lo que fuera" a sus clientes. Necesitaba que entendieran que la única forma de poder vender de manera consistente era siendo facilitadores de ventas: tenían que descubrir cuáles eran las necesidades de los clientes, quienes analizarían si nuestro producto era la mejor solución a un precio adecuado, y sólo entonces cerrarían la venta.

## 2. El método socrático

El segundo paso era entrenarlos para que descubrieran las necesidades de los clientes y ver si podían ayudarles. Esto no es fácil, porque los clientes temerosos tienden a no ser abiertos con los vendedores, por miedo a terminar comprando accidentalmente algo que no quieren. Sócrates encontró la solución a este aspecto hace unos tres mil años, e igual sucedió con Perry Mason, un conocido abogado de un programa televisivo, y de cuyo método para resolver problemas soy un firme admirador. Siempre hace que los criminales confiesen, en el estrado de los testigos, tras hacerles preguntas que lo llevan a saber la verdad. Si el criminal intenta mentir, Mason le hace las preguntas ineludibles, lo que constituye un fiel ejemplo de la verdadera aplicación del método socrático.

Sócrates sostenía que su método era un proceso consistente en hacer preguntas que se respondían fácilmente, cuya verdadera conclusión ya había sido prevista por el interrogador, y que conducía a quien las respondía a la verdad universal e inevitable. Mason tenía que saber por anticipado quién era el culpable y cómo había cometido el crimen, para saber qué preguntas formulaba, y que hacían que el criminal confesara la verdad ineludible del crimen.

Esta teoría es sólida y puede ser aplicada a todos los ámbitos de la vida. Cuando los padres de familia incitan a sus hijos a solucionar sus problemas, les ayudan a tener confianza en sí mismos y a crecer como individuos. Lo cierto es que si sólo hacemos preguntas abiertas y honestas, al único lugar al que llegaremos será a la verdad de la situación.

Pensemos en lo siguiente: desde el nacimiento en adelante, aprendemos porque los adultos nos dicen todo lo que quieren que aprendamos (nuestros padres, profesores y amigos). ¿Qué aprendemos a hacer entonces? Como los niños aprenden lo que viven y no lo que les dicen, aprenden a decir. Lo que debemos aprender es a hacer preguntas. Los vendedores que les dicen a sus clientes qué es lo que tienen que comprar suelen fracasar. Es por ello que los vendedores por comisión sólo realizan el veinte por ciento de sus ventas potenciales. Pero un buen vendedor socrático sólo hace preguntas y no les dice nada a sus clientes. De igual manera, en vez de decirle a Dios cómo hacer milagros, quizá sea mejor que sólo se los pidamos.

## *Una nueva carrera*

Regresé a mi casa, me senté en el sofá —mi sitio preferido para pensar— y miré por la ventana. Dios y yo no habíamos hablado en mucho tiempo. Yo me había acostumbrado a conversaciones de una sola vía, pues Dios nunca me "hablaba". El silencio era profundo: Dios escucha siempre y es muy solidario. Nunca había visto que anunciaran "entrenadores de vendedores" en los avisos clasificados, pero esto era lo que yo quería hacer. "Vamos a hacerlo, Grandote", dije.

Miré la sección de empleos del periódico y vi un aviso solicitando un entrenador de vendedores para las Páginas Amarillas. Pedí una entrevista y me la dieron para las siete de la noche.

Había una fila de treinta y cinco personas y llegaron muchas más después de mí. Cuando me tocó el turno, el entrevistador estaba exhausto de repetir el mismo mensaje de que había que "engañar a los clientes" una y otra vez. Parecía como si nadie quisiera ser vendedor por comisión y todos quisieran ser entrenadores de vendedores, pues pensaban que era un empleo con un sueldo fijo. El entrevistador me dijo que antes de que alguien pudiera ser entrenador de vendedores, tenía que trabajar primero como vendedor por comisión.

Le pregunté qué cargo tenía y me dijo que "entrenador de vendedores". Era claro que el trabajo que yo estaba buscando no estaba "disponible". Le pedí el número telefónico de su jefe, lo llamé y solicité una conferencia telefónica. Yo estaba afuera de su oficina el viernes a las diez de la mañana. Se sorprendió y no le gustó verme allí, pero me concedió una entrevista de diez minutos, y una hora después salí con el empleo que había visto en la sección de los clasificados. Le prometí doblar sus ventas —que eran de un millón de dólares anuales— en los doce meses siguientes; no me pagaría nada si lograba un dólar menos de esa cifra, pero me pagaría cincuenta mil dólares si yo alcanzaba esa cifra. Aceptó pagarme en incrementos mensuales si cada mes se duplicaban las ventas.

Entrené a los vendedores, utilizando mis dos principios y salí a vender con ellos. Las ventas ascendieron a dos millones de dólares al noveno mes.

Eso estaba bien, pero me volví a quedar sin empleo.

Seguí trabajando en otras compañías como entrenador de vendedores y con las mismas condiciones. Me gustaría decir que todo fue milagroso después de esto, pero no fue así. Descubrí que yo era más humano que nunca y susceptible a los mismos temores y debilidades que mis semejantes. El camino era arduo. Mis oportunidades y finanzas subieron y bajaron. Pero durante los catorce años siguientes, Dios y yo comulgamos frecuentemente. Dios me ayudó de vez en cuando, y yo pude mantener una visión adecuada de nuestra relación y mantener la fe. Eso no fue fácil. De hecho, a veces me fue imposible, pero no me deprimí. Sabía quién tenía la culpa; y de mi falibilidad no había la menor duda.

Los milagros que pedí debidamente (siempre los recibí) fueron esporádicos. La lección fue que aunque mis intenciones fueran buenas, nunca recibiría los milagros si no lograba creer por anticipado que el milagro sucedería, ya había sucedido, o si me preocupaba por el desenlace de los acontecimientos.

La regla de los milagros es, primero la fe y luego la prueba. Si Dios rompiera los techos de nuestras casas, introdujera su cara gigantesca y dijera: "Oigan, aquí estoy", todos nos pondríamos de rodillas. Pero Dios no actúa así. Primero, tenemos que creer. Sólo entonces recibiremos la "prueba" por medio de los milagros.

## *Los compradores de casas*

Durante esta etapa, comencé a trabajar como administrador de una agencia de bienes raíces, y aunque tengo mi licencia de agente de bienes raíces, nunca he vendido una casa. Mi experiencia como director de ventas y entrenador de vendedores me calificaba para dirigir a los agentes. Trabajábamos muchas horas, ya que es un oficio que se realiza en las primeras horas de la noche. Siempre era el primero en llegar a la oficina en la mañana, y el último en salir en la noche, eso hacía muy largos los días.

Esperaba hasta que todos los agentes regresaran de mostrarles las propiedades a los clientes en caso de que tuvieran que hacer una oferta de venta por escrito. Yo revisaba los contratos y no me gustaba hacerlos esperar hasta el día siguiente, pues eso retrasaba los negocios. Si daban las nueve de la noche y algún agente estaba mostrándole una propiedad a un cliente, yo dejaba las luces encendidas pero cerraba la puerta con seguro y les abría cuando llegaban. Una noche, me olvidé de asegurar la puerta, y una pareja de unos treinta años llegó con sus dos hijos a las diez de la noche.

"Lo siento", dije, "pero ya hemos cerrado".

"Bueno, pero las luces están encendidas, la puerta está abierta y usted está aquí, ¿verdad?", dijo la mujer con suavidad.

"Sí", dije vacilando, "pero yo soy el administrador y sólo estoy esperando a uno de mis agentes".

"Tenemos que comprar una casa esta noche, y usted nos tiene que ayudar", dijo ella.

"¿Por qué tiene que ser esta noche?"

"Porque queremos mudarnos mañana por la mañana", respondió. Yo me resistía a creer que una persona pudiera estar tan desinformada.

"Señora", le dije, "es imposible. Primero tenemos que encontrar una casa que le guste, procesar una oferta de compra y esperar la contraoferta para luego negociar. Después, tiene que solicitar una hipoteca y alguien tiene que avaluar la casa. No es posible que puedan mudarse a una casa en menos de seis semanas, así la encontremos esta noche".

"Eso no es ningún problema".

"¿A qué se refiere?", pregunté, esperando que me dijera que iban a pagar la casa en efectivo, lo cual aceleraría el proceso.

"Porque le pedí a Dios que nos diera una casa mañana y él nunca me ha incumplido".

"Bueno, así hubiera un agente disponible, ya es muy tarde para buscar casas", dije.

"Usted tiene licencia, ¿verdad?", me preguntó ella.

"Sí, pero nunca he vendido una casa y no tengo la experiencia suficiente para que ustedes confíen en mí", dije.

"Bueno, debes creer en Dios, ¿verdad?", insistió ella.

"Por supuesto que sí", respondí indignado. "Sobre ese aspecto no tenga ninguna duda".

"¿Crees en milagros?"

"Claro que sí. He recibido muchos".

"Recé y le pedí a Dios que me diera una casa a la que podamos mudarnos mañana en la mañana, porque no tenemos dónde vivir. Hablamos con una anciana que vive en esta ciudad para comprarle su casa. Ella nos la iba a financiar. Vivimos a más de trescientos cincuenta kilómetros de aquí y, hace una semana, mi esposo consiguió un empleo en esta ciudad. Llegamos a la casa, pero ella no quiso sacar sus cosas. Le preguntamos cuándo pensaba hacerlo y nos dijo que no se iría. Sólo quería una familia que viviera con ella.

"Le dije que habíamos entendido algo muy diferente y que tenía que irse. No lo hizo y nos envió al sótano. Nos hemos estado bañando en una estación de gasolina y no podemos seguir hacinados en el sótano. Entonces, decidí pedirle a Dios que me hiciera un milagro esta noche. Le dije a mi esposo e hijos que subieran al auto y comenzamos a buscar una agencia de bienes raíces y lo encontramos a usted: el agente del milagro de Dios. Supongo que no se atreverá a negar a Dios".

Miré hacia fuera y vi que su auto estaba completamente destartalado. "¿Cuánto dinero tienen?".

"No tenemos nada. Mi esposo es alcohólico desde hace diez años y no ha podido tener un empleo estable. He mantenido a mi familia trabajando medio tiempo de mesera".

Casi me voy de espaldas. ¿Cómo podía creer esa mujer que iban a comprar una casa en un abrir y cerrar de ojos y sin un centavo?

"¿Y por qué no consiguió un empleo de tiempo completo?"

"No podía", respondió, "porque trabajaba como voluntaria en la iglesia el resto del tiempo".

"Supongo que no le quedaba mucho dinero para vivir".

"Sobrevivimos con la ayuda de Dios. No somos exigentes, nos quedaremos con la casa más barata que haya en el mercado".

"De acuerdo", me rendí. Después de todo, ¿quién era yo para interferir con su milagro? Saqué la lista de casas y la abrí en la primera página, ya que las casas más baratas están al comienzo. Miré la más económica y encontré una que valía cincuenta y cuatro mil dólares.

"¿Cuánto gana su esposo?", le pregunté a ella, pues él no había abierto la boca en toda la noche.

"Bueno, tuvo suerte de que le dieran un empleo a pesar de su alcoholismo. Hace la limpieza en Harnish y gana seis dólares la hora".

"Eso es menos de doce mil quinientos dólares al año", dije. En el mejor de los casos, podrían comprar una casa que no valga más de treinta y seis mil dólares, pero no hay ninguna por ese precio, y eso contando con que un banco corra el riesgo de no exigir una cuota inicial. Lo veo bastante difícil".

"¿Y así dice que cree en milagros?", reclamó ella.

"Está bien", concedí. Llamé a la agente encargada de esa casa y le hice una oferta verbal. Ella se emocionó de que alguien mostrara interés en una casa que llevaba un año sin venderse, hasta que escuchó la oferta; se enfadó, yo le insistí que llamara al propietario y le comunicara nuestra oferta. Llamó pocos minutos después con una contraoferta por cuarenta y cinco mil dólares. "Lo que usted no entiende", le dije, "es que los clientes no tienen dinero, y no ganan prácticamente nada. Tendrán suerte si encuentran un banco que acepte los treinta y seis mil dólares que ofrecen".

"El propietario no aceptará eso".

"Usted no tiene derecho a hablar por el propietario", respondí. "Su deber es comunicarle nuestra recontraoferta".

Pocos minutos después, me llamó. "Lo espero en la casa a las ocho de la mañana en punto. Y cuando los clientes vean esta joya de casa, aceptarán nuestro precio".

Mi clienta salió a las once de la noche de la oficina con aire confiado y me dijo, "nos veremos mañana".

Me pregunté cómo sería esa casa. A fin de cuentas, era la más barata que había en el mercado y estaba en el peor sector de la ciudad. Me encontré con la agente y con la familia a las ocho de la mañana. Ella abrió la puerta y yo me sorprendí. Era una casa encantadora, de estilo campesino, con alfombra nueva y buhardillas. Las puertas, ventanas y arcos de madera habían sido pintadas recientemente. El piso de la cocina era nuevo, así como el refrigerador, el horno, la estufa y los estantes. Los niños subieron felices a las habitaciones, amobladas con camas gemelas, estantes y escritorios empotrados recién pintados de blanco. La casa era realmente una joya.

"La compraremos", dijo mi clienta.

"En ese caso, tendremos que ir a la casa del propietario y cerrar el negocio", dijo la agente, dirigiéndose a su auto.

Llegamos a un enorme rancho en las afueras de la ciudad que debía valer doscientos cincuenta mil dólares. Un hombre entrado en años y vestido con un overol salió a recibirnos. Tenía manos de trabajador y un aspecto agradable. Nos hizo pasar a la cocina, nos sentamos a la mesa y su esposa nos sirvió café y pasteles.

"¿Qué le pasa, señor?", le preguntó el propietario al esposo de mi clienta. ¿Por qué no quiere darle a su familia una vivienda digna por un precio razonable?"

Miré sorprendido a la agente, quien estaba permitiendo esa conversación. Los agentes de bienes raíces nunca dejan que los propietarios hablen directamente con los clientes, pues son como los abogados: se encargan de las negociaciones para asegurar el control de la venta. Sin embargo, la agente parecía estar completamente de acuerdo en que el propietario siguiera hablando con mi cliente, así que haría mejor en no entrometerme.

"Bueno, señor", titubeó el esposo. "Yo sí estoy dispuesto. Nuestro agente dice que no podemos pagar un precio más alto. Sucede que yo soy un ex alcohólico. Llevo diez años desempleado y hace una semana conseguí un empleo haciendo la limpieza en Harnish".

"¡Harnish!", exclamó el propietario. "¿Quién es tu jefe?".

"Un buen hombre llamado Charley Rogers", respondió.

"Te venderé la casa por treinta y seis mil dólares", le dijo el propietario.

"Discúlpeme", interrumpí. "No sé si podamos encontrar un banco que nos haga un préstamo".

"No importa", respondió el propietario. "Financiaré la casa con un registro catastral".

"Pero no tenemos referencias de este hombre", protestó la agente. "No cumple con ningún requisito".

"Mire", dijo el propietario. "Acabo de retirarme después de trabajar durante treinta y seis años como jefe del Departamento de mantenimiento de Harnish. Charley Rogers, quien es un alcohólico reformado, comenzó a trabajar bajo mis órdenes hace quince años. Le di una oportunidad y no me decepcionó. Si este hombre le sirve a Charley, también me sirve a mí. ¡Le venderé la casa por ese precio ahora mismo!"

"Señor", interrumpí de nuevo. "Espero que no le moleste mi pregunta, pero, ¿por qué la casa está como nueva?"

"Hijo", me contestó, "mi papá construyó esa casa. En ella crecí, viví toda mi vida y levanté a mi familia. Compré esta propiedad el año pasado para mi hijo, quien padece síndrome de Down. No iba a permitir que mi otra casa quedara en ruinas. Tenía que repararla para una familia que la mereciera, como ésta, que estoy seguro, la cuidará con amor".

Mis clientes lloraron de felicidad, de hecho, a la agente y a mí también nos salieron algunas lágrimas.

"¿Podemos mudarnos hoy mismo?", preguntó la mujer.

El propietario se metió la mano al bolsillo y sacó un juego de llaves. Lo puso sobre la mesa y les dijo: "Bien puedan".

A las nueve de la mañana, y tal como lo había pronosticado la mujer, se mudaron a su nueva casa. Dios actúa con rapidez cuando quiere.

Antes de despedirnos, mi clienta me preguntó: "¿Alguna vez ha dudado de Dios, señor Tucker?

"*Jamás*", respondí, aunque tengo que admitir que me dirigí a mi auto mareado y como elevado, como si estuviera en las nubes.

# 9

# Viviendo milagrosamente

## *De nuevo en los centros comerciales*

Mi trabajo como entrenador de vendedores terminó y "subí" de nuevo.

Estaba en el vestíbulo de mi último empleador, luego de que me despidieran a pesar de haber doblado sus ventas. Miraba a través de la ventana, pensado qué hacer, pues me había quedado sin las comisiones por concepto de ventas. Mis ojos se fijaron en algo completamente visible; era el centro comercial más lujoso de la ciudad. Yo había administrado los dos más grandes, pero el más elegante y prestigioso estaba allí, ante mis ojos. "Podría regresar al sector de los centros comerciales con éste", pensé. "Tendré un respiro y reorganizaré mis finanzas".

Miré al cielo y dije, "Escúchame bien, Dios. Quiero ser el administrador de ese centro comercial, ¡y quiero ese empleo en menos de un mes! Sin embargo, no quiero que nadie se quede sin empleo". Y luego dije, "Gracias", pues sabía que ya era trato hecho. Alejé esa idea de mi mente para no sentirme tentado a preocuparme por ella.

Casi cuatro semanas después, tuve que visitar a un banquero para llenar unos formularios de impuestos de la revista que Russ y yo le habíamos vendido al editor de California. Yo estaba en su oficina y el banquero me preguntó si yo iba a aplicar para el cargo de administrador del centro comercial de Mayfair. Yo quedé atónito. "¿Por qué?".

"Porque la semana pasado publicaron un aviso buscando un administrador. Pensé que no había nadie más calificado que tú, y como ahora estás desempleado…" dijo sin terminar la frase. Sonreí confiadamente. A fin de cuentas, habían transcurrido menos de treinta días.

Llamé al centro comercial. La secretaria me dijo: "Lo siento, pero no estamos recibiendo más solicitudes".

"Está bien", respondí. "Dígale a su jefe que estoy en la línea y que volverá a recibir solicitudes".

"No lo hará", dijo categóricamente.

"Entonces, déle mi nombre", le pedí. Me dijo que estaba perdiendo mi tiempo, pero que haría lo que yo le había pedido. Momentos después, me dio una cita para la entrevista.

Siempre que tengo una entrevista laboral, me pongo mi mejor traje, pero tras sopesar mis posibilidades, me reí y elegí un traje muy discreto. A fin de cuentas, nada iría a cambiar el desenlace: ya era un trato hecho.

Cuando fui a la entrevista, el vicepresidente me dijo que me sentara a su lado y me explicó que, hasta ese entonces, el centro comercial nunca había tenido administradores. Él se había encargado de su funcionamiento, pero sus labores eran tantas y tan importantes, que había decidido crear ese cargo (todo iba de acuerdo con el plan). Habló ininterrumpidamente durante dos horas y me hizo muy pocas preguntas. Yo sé escuchar y había aprendido en el mundo de las ventas que quien obtiene la venta es el que sabe escuchar, no el que habla.

Finalmente, me dijo: "No sé por qué estoy haciendo esto, pues de los dieciséis candidatos eres el menos calificado de todos. Sin embargo, te ofrezco el cargo. ¿Quieres comenzar el lunes?

El lunes era el día número treinta. Acepté.

## Los ángeles también hacen milagros

Algunas personas creen en ángeles. ¿Puede Dios utilizar ángeles para hacer milagros? Creo que esa es una pregunta retórica. ¿Hay algo que Dios no pueda hacer? Los milagros pueden consistir en cosas grandes, encomiables, maravillosas, pero también pueden ser cosas pequeñas. Éste es un ejemplo.

Yo vivía en el extremo norte del centro del país. Era invierno y tenía que viajar a un pequeño pueblo para asistir a un banquete a favor de la infancia, pues la organización para la cual trabajaba como voluntario se había encargado de los preparativos. El pueblo estaba a cuarenta y cinco kilómetros de mi casa y la carretera estaba despejada.

Era de noche cuando terminó el banquete. Salí del restaurante y vi que había nevado durante varias horas. Habían caído más de treinta centímetros de nieve. Subí a mi auto pero la batería estaba descargada, pues me había olvidado de apagar las luces. Regresé al restaurante para ver quién podía ayudarme. No vi a nadie, las luces del restaurante estaban apagadas y no obtuve respuesta. Toda la ciudad estaba a oscuras, como si todos sus habitantes se hubieran dormido. Busqué una estación de gasolina, pues no quería molestar a nadie.

Afortunadamente, la que había en la esquina pertenecía a mi club automovilístico, pero estaba cerrada. En la ventana, había un aviso con el teléfono del propietario para casos de emergencia. Llamé y me respondió su esposa.

"Disculpe", me dijo, "pero la estación ya está cerrada".

"Comprendo", imploré, "pero estoy desesperado. La batería de mi auto está descargada, estoy a cuarenta y cinco kilómetros de mi casa y en este pueblo no hay hoteles. ¿Su esposo no podría cargar mi batería con cables?

"Lo siento, pero él está entrando el ganado, pues parece que va a caer una gran tormenta".

"Por favor", le pedí, "¿podría recomendarme entonces otra estación? Estoy afiliado al auto club de ustedes".

"¿A nuestro auto club?" dijo entusiasmada. "Entonces, no hay ningún problema. Sam vendrá en cuanto termine con el ganado".

Dos horas después, Sam me ayudó a encender mi auto. Le agradecí y salí rumbo a casa, temiendo conducir por aquella carretera estrecha, llena de curvas y por la que había que transitar despacio. No había avanzado cien metros cuando grandes copos de nieve cubrieron el parabrisas, reduciendo notablemente la visibilidad. La carretera no estaba iluminada, así que la única luz era la de mi auto y en aquella vía sólo podía transitar con luces bajas. La capa de nieve había reducido el paisaje a un océano blanco y esponjado. Corría el riesgo de rodar por una de las cunetas que estaban a ambos lados de la carretera. Tenía una regla en el asiento de atrás, así que decidí bajarme y ver dónde estaba el borde lateral de la vía. Caminé unos diez metros y hundí la regla en la nieve. Regresé al auto y avancé hasta la regla. Repetí el procedimiento durante una hora pero sólo pude avanzar poco menos de trescientos metros, y seguía nevando.

Concluí que, a ese ritmo, llegaría a mi casa a finales de la primavera, si es que lograba sobrevivir. Dios mío, era probable que no sobreviviera. Si intentaba esperar allí hasta que amaneciera, me quedaría sin gasolina y me moriría congelado antes de que alguien pudiera socorrerme. "Será mejor que regrese al pueblo y le pida posada a alguien".

Bajé de mi auto y miré hacia atrás. No vi el pueblo, ni siquiera una sola luz. El trayecto que había recorrido estaba completamente cubierto por la nieve. No podría guiarme por las huellas de las llantas, ni siquiera sabía cómo regresar a mi auto debido a las curvas de la carretera. Además, si intentaba dar marcha atrás en aquella carretera tan estrecha, podría terminar resbalando por la zanja. Estaba atrapado y sin salida.

Regresé al auto para pensar en una solución, pero no se me ocurrió ninguna. "Soy hombre muerto", pensé.

Me acordé de Dios. Oré. "Dios, ayúdame, por favor. Estoy solo y perdido, sólo te tengo a ti. Por favor, rescátame de esta tormenta y llévame de nuevo a mi hogar y a mi familia. Y por favor, perdóname por lo que pueda deberle a alguien". No tengo la menor duda de que Dios escuchó mi plegaria.

En ese instante, un auto cruzó la carretera. Las luces posteriores me permitieron ver que desaparecía rápidamente; debía ir al límite de la velocidad. El auto debía estar unos cien metros de mí, y a un paso desaparecer de mi vista.

"Puedo seguirlo", pensé. Hundí el pedal del acelerador y salí velozmente. Giró por la carretera y tomé nota mental de la distancia que me separaba de aquella curva. Giré pero estaba nevando tanto que no pude ver las huellas del auto, así que lo único que podía hacer era seguir el camino.

Mantuve una distancia de treinta metros y me pregunté a qué velocidad iría el conductor. Era obvio que no podía ver mejor la carretera que yo. Debía haberse aprendido el trazado de memoria. Procuré identificar la marca del auto, pues las luces posteriores no me resultaron conocidas; era la única parte que podía ver.

Mi compañero anónimo y yo seguimos así durante una hora. Nos aproximamos a mi ciudad y vi que, en los siete kilómetros que me faltaban para llegar a casa, la carretera tenía cuatro carriles, estaba bien iluminada y era recta como una flecha. "Estoy a salvo", exclamé aliviado. El conductor subió y desapareció por el otro lado. Aceleré para intentar alcanzarlo, pues quería agradecerle por haberme salvado la vida.

Subí y creo que estaba a menos de una cuadra de distancia de él. Había dejado de nevar y la visibilidad era muy amplia, pero no vi el auto por ningún lado. No pudo desviarse a otra carretera, pues no había ningún cruce. Aceleré a fondo, pues estaba sumamente agradecido y tenía que darle las gracias.

Sin embargo, no lo vi por ninguna parte. Reduje la velocidad, pues ya me estaba acercando a mi casa y a mi familia, y pensé en esa aparición. Se me ocurrió que debía ser un ángel enviado por Dios en respuesta a mi plegaria. No pude pensar en otra explicación, y luego entendí la mecánica del milagro. La regla era la clave. ¿Por qué llevaba una regla en primera instancia? No había ninguna razón para que yo llevara reglas en mi auto. El empleado de una ferretería me la había dado pocos días atrás como parte de una promoción y yo la había dejado accidentalmente en el asiento de atrás.

Cuando estaba en la carretera y me disponía a dar marcha atrás para pedir posada en el pueblo, me animé a seguir cuando vi la regla, sellando así mi destino, pues me alejé lo suficiente como para regresar. ¿Sería que Dios se había encargado de que me regalaran una regla y que yo tuviera que depender de un ángel y aprender otra lección sobre mi relación con Dios? Nuestra "necesidad" en la vida es ver todos acontecimientos como milagros o como los pasos que conducen a lo que llamamos "milagros" (grandes beneficios de Dios).

Por lo tanto, pienso que cuando me suceden cosas "malas", realmente no lo son. Esas cosas son los peldaños que conducen a los milagros, y los milagros son nuestros pasos para encontrar a Dios en nuestras vidas.

# 10

# Todos podemos recibir milagros

## *El viaje a Hollywood*

Una vez, mis padres se ganaron un viaje a Hollywood. Mi familia era muy modesta, así que ellos casi nunca viajaron. Ganarse ese viaje, y la posibilidad de estar con mi padre en calidad de invitados a un programa de televisión, de poder estar entre el público y de ingresar a los camerinos y conocer a las "estrellas" era un sueño hecho realidad.

Finalmente, llegó el gran día de su viaje. Mis padres estaban ansiando huir del invierno y disfrutar del sol de California. Aunque el vuelo estaba programado para la una de la tarde, mi madre insistía en llegar al aeropuerto a las diez de la mañana, pues no quería correr el riesgo de perder el vuelo. Si el avión los dejaba, perdían el derecho a viajar. Cuando llegamos el aeropuerto, estaba atestado de pasajeros que viajarían para tomar sus vacaciones. Las filas eran de cincuenta personas y había por lo menos cincuenta filas. Les dije a mis padres que se sentaran, pues yo haría la fila por ellos. Caía una tormenta de nieve. Hasta ese día, todos los vuelos matinales se habían realizado sin contratiempos, pero escuchamos el triste anuncio: todos los vuelos habían sido aplazados hasta que descongelaran la pista. Cancelaron varios vuelos y los pasajeros deambularon de aerolínea en aerolínea en busca de un cupo.

Posteriormente, los pocos vuelos programados también fueron cancelados. Los pasajeros comenzaron a abandonar el terminal aéreo cuando vieron que sus esperanzas se esfumaron. Estábamos sentados frente a los mostradores de las aerolíneas y mis padres estaban preocupados. "No se preocupen. Les aseguro que viajarán", les dije. Tenía la seguridad de que Dios se manifestaría.

Pasaron las horas y cuando comenzó a oscurecer, el aeropuerto estaba casi vacío. Siempre que iba al mostrador, los empleados me decían que estaban esperando a que terminara la tormenta para limpiar la pista y reanudar los vuelos. Esperamos mucho tiempo, pero todos los vuelos fueron cancelados.

"Bueno, creo que no estábamos destinados para hacer este viaje", dijo mi padre con resignación.

"No pierdas la fe", señalé. "De algún modo, Dios suministrará un avión y podrás viajar".

Me acerqué al mostrador y pregunté que si había vuelos procedentes de otras ciudades que hicieran escala en Milwaukee y siguieran al Oeste.

La empleada me dijo que había un vuelo a las diez de la noche; salía de Detroit, hacía escala en Milwaukee y seguía a Los Ángeles. "La tormenta ha cesado en Detroit, pero aquí sigue nevando muy fuerte", dijo ella.

Le pregunté qué quería decir y me respondió que lo más probable era que no pudiera hacer escala en Milwaukee.

Faltaban cinco para las diez cuando se nos acercó una empleada de la aerolínea. "El cielo está despejado. El avión aterrizará y sus padres podrán viajar". Miré alrededor y vi el aeropuerto completamente desierto. Nosotros éramos las únicas personas. Mi papá me miró y dijo, "Creo que los demás pasajeros deberían haber tenido fe".

## *Pequeños milagros*

Muchos años después, cuando mi padre ya había fallecido y mis finanzas eran otra vez precarias, mi madre estaba viviendo gracias a la ayuda del Bienestar Social. Este milagro les enseñará a encontrar sus propios milagros.

A mi madre se le presentó un gasto inesperado con su auto y ahorró centavo tras centavo hasta reunir los ochenta dólares que necesitaba. Ese día, la invité a cenar con mi hijo y estacionamos nuestros autos el uno al lado del otro afuera del restaurante.

Cuando regresamos al estacionamiento, la puerta de su auto estaba abierta. "¡No puede ser!", exclamó. Los ladrones habían forzado la puerta, y dejado las herramientas en el piso del auto.

"Mi dinero", gritó mi mamá. Abrió la guantera y estalló en llanto, "se llevaron los ochenta dólares". Ella había dejado esa suma en la guantera, pues al día siguiente llevaría el auto al mecánico. Me sentí mal porque no tenía ochenta dólares para darle. Me abstuve de sermonearla por haber cometido el error de dejar el dinero en la guantera, pues concluí que sólo la haría sentirse peor, y era claro que ella había aprendido la lección.

Llamamos a la policía y el oficial inspeccionó todo el auto. Sacó cuidadosamente todos y cada uno de los papeles que había en la guantera y los examinó antes de dejarlos de nuevo adentro y de constatar que, efectivamente, se habían llevado el dinero. "Lo siento, señora", dijo, "creo que se llevaron su dinero y me temo que no hay esperanzas de recobrarlo así encontremos al ladrón, algo bastante improbable por cierto".

Eran sólo ochenta dólares, pero era una pérdida irreparable para ella. "¿Qué haré, William?"

"Reza y pídele a Dios que te devuelva el dinero. Creo por anticipado que así lo hará", fue todo lo que pude decir. Creí en lo que dije con toda mi alma, y sabía que si ella también lo hacía, Dios proveería.

Esa noche dio vueltas en la cama, pues no podía dormirse. Finalmente, el sueño se apoderó de ella y cuando despertó, recordó lo que le dije y decidió pedirle el dinero a Dios. Rezó y sintió una gran calma. Momentos después, sintió deseos de mirar en la guantera, y allá estaban los ochenta dólares.

## La inocencia de la fe de los niños

Cuando mi hijo tenía cinco años, lo llevé a Disney World, ya que me lo había pedido en varias ocasiones. Sin embargo, le preparé una sorpresa. Le dije que haríamos un viaje pero no le dije adónde. Fuimos al aeropuerto y abordamos el avión a la Florida. Su expresión de asombro ante el tamaño del aeropuerto, y más tarde, cuando miró por la ventana del avión, era encantadora. Así debe de ser el placer que siente Dios cuando le pedimos un milagro y nos lo hace (cuando creemos por anticipado que así lo hará). Debe deleitarse al ver la sorpresa y la felicidad en nuestras caras, o las lágrimas de alegría, si es así como recibimos las bendiciones de sus milagros.

Cayó una llovizna persistente durante todo el día. Nos pusimos impermeables, pero anhelamos que saliera el sol. El segundo día, mientras esperábamos el autobús que nos llevaría a Disney World, mi hijo me miró con aire confiado, con ojos que creían en los poderes celestiales de un padre, y me preguntó: "Papi, ¿puedes hacer que deje de llover?"

Un par de adultos que estaban cerca se rieron de esta pregunta inocente. "No, hijo", le dije, "Dios puede hacerlo si creemos que lo hará, pero tenemos que creer con todas nuestras fuerzas".

"Yo creo que sí lo hará", anotó mi hijo. Los adultos fruncieron el ceño. Supongo que pensaron que yo lo estaba educando mal al decirle semejantes tonterías.

"Oye, Matt", le dije, "haremos lo siguiente. Rezaremos y le pediremos a Dios que detenga la lluvia en un minuto. Luego, contaremos sesenta segundos así: mil uno, mil dos, hasta terminar, ¿de acuerdo?".

Mi hijo me miró lleno de fe, pues no tenía por qué desconfiar de mí. Cuando vi la expresión optimista en sus ojos, fui incapaz de dejar de creer y supe que Dios nos recompensaría por nuestra fe.

Empezamos a contar. Cuando llegamos a mil sesenta, dejó de llover repentinamente y el sol apareció entre las nubes. Mi hijo no había dejado de sonreír mientras contamos. No es que él estuviera esperando a ver si efectivamente dejaba de llover; sabía que así sería y estaba contento de antemano. Los adultos nos miraron como si estuviéramos poseídos y se alejaron de nosotros; era obvio que no entendían lo que habían visto.

Ahora me río de esto, ya que fue quizá uno de los peores milagros que pedimos, pues el sol de la Florida es insoportable en el mes de julio. Los tres días siguientes fueron sofocantes, pero no se nos ocurrió pedirle a Dios que hiciera llover de nuevo.

## El aborto accidental

Cuando trabajé como entrenador de vendedores para las Páginas Amarillas, aprendí de nuevo una lección sobre la fe que había aprendido intuitivamente años atrás, pero que no recordaba, hasta que una joven me la enseñó de nuevo.

El supervisor de mi departamento de telemercadeo fue a mi oficina una mañana y me dijo: "Susan no vino a trabajar".

"¿Por qué? ¿Le sucedió algo?, pregunté.

"Tuvo un aborto accidental anoche", respondió.

"Lo siento mucho. Dile que se tome unos días mientras se recupera, que se tome una semana. Pero quiero que venga a trabajar de mañana en ocho".

"Es probable que necesite más tiempo", dijo pensativamente el supervisor.

"Puede que sí, y no hay problema si se trata de un asunto médico", repliqué, "pero por cada día que falte luego de una semana, quiero una excusa médica. Una pérdida tan grande como esa puede ser un golpe devastador en términos emocionales, y el trabajo es un buen antídoto. Si está deprimida por la pérdida del bebé, concentrarse de nuevo en su trabajo será un buen remedio".

"De acuerdo", me dijo. Yo valoraba su capacidad como administrador y la solidaridad con sus empleados. Respetaba a los demás y, por eso, tenía buenas relaciones con sus subalternos, quienes le profesaban una gran lealtad. Teníamos una relación honesta y fluida y yo lo admiraba mucho. Regresó a mi oficina el lunes siguiente para informarme que Susan no vendría a trabajar ese día.

"¿Por qué? ¿Tiene un problema físico?"

"No", respondió vacilando. "Ella siente que quiere tomarse más tiempo. Parece que no es su primer aborto y su esposo está tan disgustado que la está culpando".

"Eso me preocupa. Si ella decide no venir mañana, dile que me gustaría invitarla a almorzar", dije, pues quería hablarle acerca de Dios y ver si podía ayudarla. Además, quería explicarle que su esposo estaba muy equivocado al culparla.

Decidió no trabajar el día siguiente, pero Bob hizo una reservación en un restaurante cercano. Me sorprendió su actitud alegre. "Oye, Susan", comencé, "te estamos extrañando mucho. Eres una de las mejores empleadas y la oficina no es la misma sin ti".

"Lo siento, señor Tucker", respondió. "Necesito tiempo para mí".

"Bueno, eso es perfectamente comprensible", repliqué, "pero creo que trabajar puede ayudarte a que te recuperes. ¿Puedo contarte una historia sobre Dios, e intuir por qué te pudo suceder esto?".

Ella extendió su mano y me tocó la mía, así como hace un padre cuando quiere consolar a un hijo. "No es necesario", dijo. "Sé muchas cosas acerca de Dios y sé que usted está preocupado por mí, pero lo tranquilizaré. No estoy deprimida ni me estoy sintiendo culpable por mi aborto. Claro que me entristece mucho y no es el primero, pero sé que Dios tiene sus razones y las acepto".

Su sabiduría me impactó tanto que debió reflejarse en mi rostro.

"¿Puedo contarle a usted una historia, señor Tucker?"

"Será un placer", dije, ya relajado y sonriente.

"Cuando era adolescente, mi mejor amiga era de una familia muy adinerada, y mi papá era un simple empleado. Los padres de mi amiga pasaban todos los veranos en diferentes partes del mundo. Por supuesto, se iban con mi amiga, lo cual nos daba mucha tristeza, pues siempre queríamos pasar el verano juntas.

"Un verano, mi amiga me dijo que le iba a preguntar a su papá si podía pasar el verano en nuestra casa, en caso de que mis padres aceptaran. Mis padres dijeron que no había ningún problema, pero cuando habló con su padre, le dijo: 'Dile a Susan que la invitamos a Europa con todos los gastos pagos'. Mi amiga y yo nos alegramos mucho y corrí a casa a contarles a mis padres. 'De ninguna manera', rugió mi papá.

"Yo me sorprendí, pues no podía creerlo. ¿Por qué me negaba esa oportunidad tan maravillosa? Rompí a llorar y me encerré en mi habitación. Escuché que mi papá le decía a mi mamá: 'Jamás recibiremos caridad de nadie. Si mi hija quiere ir a Europa, es mi responsabilidad pagar por sus gastos. ¡No recibiremos limosnas de nadie!'

"No se trataba de ir a Europa, sino de que mi amiga y yo estuviéramos juntas. Yo estaba llorando aún en la cama cuando mi abuela vino a visitarnos. Fue a mi habitación y me preguntó qué me sucedía. Cuando le expliqué, me respondió. 'Yo puedo resolverlo, querida'.

"¿Cómo?', quise saber. Mi abuela me dijo, 'lo único que tienes que hacer es orar y pedirle a Dios que haga cambiar a tu padre de parecer, y así lo hará', me dijo entusiasmada. Así lo hice, me arrodillé al lado de mi cama y pedí con todas mis fuerzas que mi papá cediera y me dejara viajar.

"Luego me puse de pie, corrí a la sala y le pregunté a mi papá si había cambiado de idea. 'No', me dijo, '¡y si vuelves a preguntarme, te encerraré todo el verano!' Estallé de nuevo en llanto y corrí a mi habitación.

"Mi abuela me dijo que no entendía, porque siempre le había funcionado. Me dijo, 'veamos de nuevo, cariño. Primero te arrodillaste, rezaste y le pediste a Dios que hiciera cambiar de parecer a tu papá, ¿verdad?'. Respondí que sí. 'Y luego dijiste gracias, ¿no es cierto?'

"'No, no dije gracias', respondí. ¿Por qué habría de hacerlo? Dios todavía no había hecho nada.

"'Ay, cariño, *debes* decir gracias para que Dios sepa que tú entiendes que *ya* te ha concedido lo que quieres. Dios puede hacerte un milagro sólo si sabes que ya lo ha hecho'.

"Bien, señor Tucker. Me arrodillé, recé otra vez, y dije gracias. En ese momento, sentí que se me quitaba un peso de encima. Me sentía en paz y ya no tenía que ir corriendo a preguntarle a mi papá si había cambiado de opinión. De algún modo, supe adentro de mi corazón que todo saldría bien. Y en ese instante, mi papá abrió la puerta de mi habitación y me dijo que había cambiado de opinión, que podía ir a Europa. Nunca olvidé esa lección".

Esta historia tan hermosa me produjo escalofríos y le agradecí a Susan por haberla compartido conmigo. Ella me agradeció mi comprensión y, al día siguiente, fue a trabajar.

## *Depresión*

Eran las once de la noche cuando me llamó un colega de la Marina. "William, necesito que me ayudes. Estoy a pocas cuadras de tu casa. ¿Puedo visitarte?"

Le dije que por supuesto y, al cabo de pocos minutos, tocó la puerta. Yo estaba muy extrañado, pues él no acostumbraba hacer visitas de manera tan repentina, ya que vivía a más de trescientos cincuenta kilómetros de mi casa.

Nos sentamos en la sala y me explicó el motivo de su visita intempestiva. Tenía un amigo que vivía en un barrio cercano y estaba deprimido, así que Germ quería saber si yo podía ir a su casa para tratar de ayudarle.

Le dije que me encantaría, pero que no sabía qué podría hacer por su amigo. Germ estaba preocupado por él. Se había quedado sin empleo y su esposa lo había abandonado luego de veintiocho años de matrimonio. Lo único que hacía era sentarse en el sofá a mirar por la ventana. No tenía dinero y a Germ le preocupaba que su amigo no estuviera haciendo nada por resolver sus problemas.

"Cada vez se hunde más", dijo Germ, "y me temo que esté pensando suicidarse, incluso esta misma noche. Está a un paso de perder su casa y creo que eso lo tiene muy perturbado. No tiene empleo, sus hijos ya están grandes y su esposa lo dejó. Siente que no tiene razones para seguir viviendo, pero no sé qué decirle para hacerlo desistir. Y entonces pensé en ti; has pasado por la misma situación y rehiciste tu vida, así que pensé que podrías ayudarle".

Le dije otra vez que no sabía qué hacer. Mi experiencia me había enseñado que no puedes *decirle* a alguien que simplemente tiene que dejar de deprimirse. Yo sabía que la depresión era el resultado de la acumulación de la rabia en el interior de una persona, y que la gente se culpa a sí misma cuando las cosas salían mal. Pensé que su amigo estaba enfadado con su antigua compañía por haberlo despedido, había volcado esa rabia sobre sí y se estaba culpando por haber sido despedido o por no haber visto las señales de advertencia.

Sabía, debido a mi experiencia, que no puedes darle esta explicación a una persona deprimida ni esperar que la acepte y que mejore su estado de ánimo. Si lo haces, lo único que ganarás será una discusión. Hará todo lo posible por convencerte de que está seguro de ser un "fracasado" y que no hay nada qué hacer al respecto. Puedes discutir y mencionar todas las cosas buenas que ha logrado en su vida, pero encontrará defectos en todo y seguirá discutiendo. No hay quién pueda convencerlo de que no es un inútil ni que su vida no vale nada.

Medité largamente para ver cómo podía ayudarle. ¿Qué es lo que funciona con una persona deprimida? Analicé la depresión que había sufrido mi esposa y la que había padecido yo, pero no pude llegar a ninguna conclusión.

Debí haber recordado que expresar la rabia es una solución viable, por lo menos en mi caso, aunque fue infructuoso. Pero me sirvió de mucho recordar algo que había logrado y a lo que no pude restarle ningún mérito por más que lo intenté. ¿Qué podía decirle al amigo de Germ si no lo conocía? Lo único que sabía era que la rabia que debía expresarse no era la rabia causal represada en el interior de un individuo y la cual lo atormenta. Había descubierto mientras trabajaba como vendedor por comisión que si un individuo expulsaba su rabia de su interior, eso tenía un efecto inmediato en el restablecimiento de la confianza en sí mismo y ya estaría preparado, entonces, para lidiar con el problema original.

Pero las dos mejores soluciones que yo conocía —hacer que la otra persona se enfadara lo suficiente para que discutiera, o formular una serie de preguntas socráticas de fácil respuesta— se me pasaron por alto. Eran las once y media de la noche y no pude recordar ninguna de estas dos fórmulas.

Fui con Germ a casa de su amigo. Había oscurecido; le pregunté si sabía que nosotros estábamos en camino, y Germ me dijo que no. Elevé una plegaria silenciosa a Dios cuando bajamos del auto. "Por favor, Padre, ayúdanos a hacer que el amigo de Germ vuelva a encarrilarse". Y luego añadí: "Gracias".

Tocamos el timbre y esperamos. La puerta se fue abriendo lentamente y allá en la oscuridad vimos a un hombre de casi cincuenta años. Estaba desaliñado, su cabello despeinado, sin afeitarse y parecía que no se hubiera bañado en varios días. Llevaba una levantadora y se veía deprimido. Nos miró y Germ rompió el hielo. "Hola, Maury. ¿Cómo estás? Te presento a mi amigo William. ¿Podemos pasar?"

Maury abrió la puerta y nos condujo a una sala auxiliar. Germ y yo tomamos asiento, pero Maury se sentó en las escaleras que conducían al salón. Nos miramos mutuamente en silencio.

"Bien, Maury", comenzó Germ, "mi amigo William ha pasado por tu misma situación. Lo despidieron de su empleo y su esposa falleció. Pasó momentos muy difíciles, como tú, y quería que lo conocieras, pues tienen muchas cosas en común".

Maury permaneció en silencio. Se limitó a mirar un punto indescifrable, síntoma inconfundible de alguien que está ahogado en la autocompasión y se ha rendido.

"William, cuéntale a Maury por lo que pasaste y cómo Dios te ayudó a salir a flote", dijo Germ.

No supe qué hacer. Temí que fuera uno de los últimos momentos en la vida de Maury. Sentí una responsabilidad enorme y sufrí un bloqueo mental. Me sentí derrotado por la magnitud del problema. Empecé a contarle a Maury, en tono vacilante, todo lo que había padecido mi esposa, pero es lo único que recuerdo. Ahora que lo pienso de nuevo, recuerdo que yo estaba ansioso y decía cualquier cosa que se me pasara por la cabeza, sin saber si lo que decía estaba bien o no. Le hablé de la experiencia que tuve al descubrir a Dios. Divagaba y hacía una pausa ocasional para ver la reacción de Maury, quien permanecía sentado como si estuviera petrificado.

Cuando yo no tenía nada más qué decir, Germ hablaba sin mucha coherencia, y cuando no sabía qué otra cosa decir, yo lo relevaba y hacía lo mismo. Advertí que no estábamos haciendo nada, pero no se nos ocurría algo diferente. Mi método socrático me había fallado. Debí haberle formulado preguntas que lo hicieran pensar, o hacer que se enfadara para que expulsara todo lo que tenía adentro, pero yo estaba muy asustado y no se me ocurrió nada de esto.

Hablamos durante varias horas, mientras Maury seguía sentado. Cuando no tuvimos nada más que decir, le agradecimos a Maury por habernos dejado pasar. Se levantó, se dio vuelta y nos acompañó hasta la puerta. Salimos y la cerró.

Germ se mudó a otra ciudad y no tuvimos mucho contacto; lo cierto es que nunca mencionamos a Maury. Creo que temía preguntarle por él. Pasaron varios años. Una noche asistí a una fiesta sorpresa que había organizado la esposa de Germ. Como casi todos sus amigos vivían en esta ciudad, su esposa alquiló un salón en el hotel y les envió las invitaciones a los amigos de su esposo sin que éste supiera.

Germ y su esposa entraron al salón, ella encendió las luces y todos gritamos: "¡Sorpresa!" Germ estaba anonadado. Se rio y todos comenzamos a integrarnos. Poco después, hicimos un círculo alrededor de Germ, quien se sentó en una silla a abrir los regalos. Le dimos un cepillo sin cerdas para el cabello, pues cumplía cincuenta años.

Estábamos riéndonos y me incomodó que un hombre que estaba junto a mí me mirara fijamente. Llegó un momento en que no pude resistir su mirada un segundo más y le dije bruscamente: "¿Se le ofrece algo?"

"¿No te acuerdas de mí?", me dijo. Lo observé. Llevaba un traje elegante, tenía buen aspecto y algunas canas en su cabello. No pude reconocerlo.

"Discúlpame. No me acuerdo de ti".

"Soy Maury. Hace varios años fuiste con Germ a mi casa. Yo estaba muy deprimido esa noche. ¿Te acuerdas ahora?"

"¡Claro que sí, Maury!", exclamé entusiasmado. "¿Cómo estás?"

"Creo que no lo sabes, pero Germ y tú me salvaron la vida esa noche. Había decidido ponerle fin a mi vida. Pero esa noche "desperté" y comprendí que tenía que luchar".

"Oye, no fuimos Germ ni yo. Fue el de *arriba*", respondí.

"¡Como si no lo supiera!", exclamó. "No recuerdo ni una sola palabra de lo que dijeron ustedes. Lo que percibí fue la amabilidad. Comprendí que estaba consumido por la autocompasión, y esto me produjo una sensación de disgusto conmigo mismo. Ya había tocado fondo y me pregunté: '¿Qué diablos estoy haciendo aquí?' No importa lo mal que me sintiera, sabía que podía hacer algo mejor. Me enfadé conmigo y decidí reaccionar. No sabía si lo conseguiría, pero por lo menos dejé de hacerme esa pregunta. Resolví que cualquier cosa que intentara sería mejor que no hacer nada, así terminara fracasando. Cuando ustedes se fueron, decidí enmendar mi vida, me bañé al día siguiente, me afeité y me vestí. Conseguí empleo y una nueva esposa. Así que muchas gracias".

"No", dije, "gracias a *ti*". Me has alegrado el día. Me sentí feliz de poder ayudarte así como otros lo han hecho conmigo. Pero, honestamente, no fuimos Germ ni yo. Fuiste tú, y la perspicacia de Dios".

"Es cierto. Germ y tú sólo fueron los instrumentos que Dios utilizó esa noche".

# 11
# Las propiedades de los milagros

## *La parálisis ataca*

Cuando mi hija Pamela tenía siete años, miraba el violín de su abuelo que manteníamos en los estantes de la biblioteca y decía que quería tocarlo. Le expliqué que no era un juguete, pero que le mostraría cómo se tocaba. Toqué las cuerdas con el arco y el sonido fue semejante al que haría un gato agonizando. Ella protestó y dijo que un violín no podía sonar así. Yo se lo pasé y le dije: "Veamos qué puedes hacer tú".

Los sonidos más dulces emanaron del antiguo instrumento. Pamela me pidió si podía irse a su cuarto con el violín y yo le dije que sí. Cinco minutos después, regresó y tocó una canción que había escuchado en la radio. La interpretó de memoria y de forma impecable. Yo quedé realmente sorprendido. Era obvio que mi hija tenía un don de Dios. Desde ese momento, dedicó todo su tiempo al violín, y creímos que sería una violinista profesional.

Su abuelo había querido ser un concertista de violín cuando estaba en secundaria pero, al estallar la Segunda Guerra Mundial, su padre le dijo que no se enlistara, pues temía por su vida. Cuando se enlistó como sargento en el Ejército, su padre le confiscó el violín y le dijo que nunca más le dejaría tocarlo sin permiso, y nunca se lo dio.

Mi padrastro era obediente y esperó que su padre cambiara de opinión, pero éste murió sin retractarse, lo cual selló el destino de mi padrastro con el violín. Aunque nos cansamos de decirle que el abuelo se habría retractado de su decisión en su lecho de muerte si mi padrastro hubiera estado presente, fue imposible persuadirlo. Por lo tanto, mi padrastro quería que yo aprendiera a tocar violín, pero no sé tocar ningún instrumento; escasamente, sé encender la radio.

Pamela ganó el primer puesto en todas las orquestas todos los años desde la primaria hasta la secundaria. Cuando entró a la universidad, quedó en la séptima silla y en las primeras cuerdas. Ella se decepcionó un poco, pero no estuvo nada mal, sobre todo si se tiene en cuenta que competía con estudiantes de segundo y tercer año.

Y, entonces, ocurrió algo impensable. Una noche no fue capaz de apoyar sus pies. La llevamos al hospital sin saber qué le había sucedido. Le diagnosticaron un resfriado y le inyectaron penicilina. Llegamos a casa y comenzó a sentir un adormecimiento en sus piernas. No podía tragar y comenzó a hablar enredado. Se puso a llorar y cuando intentó caminar hasta su habitación, las piernas no le respondieron. Pamela se asustó y regresamos al hospital. Los médicos creyeron que sus síntomas se debían a una reacción alérgica a la penicilina, le formularon otros medicamentos y regresamos a casa.

Al día siguiente por la mañana, mientras me estaba vistiendo, la escuché gritar. Me apresuré a su habitación; estaba acostada en la cama.

Se dio un golpecito en la cara y me dijo: "Tengo la cara adormecida y no siento nada".

"Levántate y vístete", le sugerí, y regresé a mi habitación para terminar de vestirme. No había terminado de ponerme la camisa cuando gritó de nuevo: "Siento todo mi cuerpo entumecido", dijo.

"Espera me pongo los zapatos", le dije y fui a buscarlos.

Cuando estaba terminando de calzarme, la escuché gritar de nuevo: "Estoy completamente paralizada, no puedo mover ni los tobillos", dijo angustiada. Todo sucedió muy rápido. La llevé cargada hasta el auto y regresamos de nuevo al hospital.

Le hicieron un examen tras otro y, horas después, nos dijeron: "No sabemos qué es lo que tiene. Necesitamos llamar a un neurólogo".

"¡Pues háganlo!", les dije. "No importa lo que cueste. Consigan al mejor neurólogo que encuentren pero, por favor, ayúdenle a mi hijita".

"Contratar al mejor neurólogo será demasiado costoso", me respondieron. "¿Podría pagarlo?"

"Al diablo lo que valga", vociferé. "Venderé mi casa si es necesario".

Pocos días y muchos exámenes después, el neurólogo me dijo: "Su hija tiene el síndrome de Guillain-Barré, una afección que puede desencadenar en virosis si el sistema inmunológico no es muy resistente. Hay otros síndromes que producen una parálisis temporal, pero el Guillain-Barré es muy diferente".

"No importa lo que haya que hacer ni lo que cueste", dije, "pero, por favor, ayúdele a mi hijita".

"Lo siento", respondió, "pero no existe ningún tratamiento médico para esa enfermedad. No hay tratamientos ni medicinas que puedan ayudarle".

"¿Qué?", exclamé, "¿quiere decir que quedará paralizada para siempre?"

"No necesariamente", me explicó. "Generalmente, los síntomas comienzan a disminuir y el paciente se cura automáticamente, del mismo modo en que se presentó la parálisis".

"¿Y cuánto tiempo puede tomar eso, doctor?"

"Depende de la gravedad del caso, pero lamento informarle que el caso de su hija es muy grave, así que calculo que ella tendrá que pasar por lo menos seis años en el hospital".

"¡Seis años! Yo no tengo con qué pagar seis años de hospital, ni siquiera tengo seguro médico. Con todo lo que vale un día de hospital, no podré pagar ni un año aunque venda mi casa. ¿No podemos cuidarla en nuestra casa?"

"Me temo que no. La parálisis sólo le está afectando la parte exterior, pero si le afecta el organismo, podría detener el funcionamiento del corazón o de los pulmones. En el hospital, tenemos máquinas que podrían reactivar estos órganos si se presentara esa eventualidad, y mantenerla con vida mientras se recupera".

Quedé estupefacto. Parecía que mi hija había perdido la más mínima esperanza. Atiné a pensar dos cosas. La primera fue si Pamela podría recibir ayuda estatal o del Bienestar Social, pues yo estaba en bancarrota. La segunda fue recurrir de nuevo a mi fe y a la noción que yo tenía acerca de cómo recibir milagros de Dios.

"¿Cuál es el tiempo mínimo en que alguien se ha curado de ese síndrome?, le pregunté al doctor.

"Bueno, usted tiene que entender primero que es una enfermedad muy extraña y que no sabemos mucho de ella. Pero leí que, a comienzos del siglo veinte, un niño europeo que padeció una modalidad muy leve del síndrome se curó en treinta días".

"Y una vez que desaparecen los síntomas, el paciente recupera plenamente la movilidad de sus miembros, ¿verdad?".

"Ah, no", dijo el médico. "Generalmente, sólo se recupera el ochenta por ciento del movimiento".

"Eso es imposible, doctor", exclamé. "Mi hija es violinista y su vida gira alrededor de ese instrumento. Incluso si recupera totalmente la movilidad de sus dedos, se verá en una situación muy difícil, pues tiene que competir con muchos otros violinistas para ganarse la vida".

"Lamento tener que decirle que su hija no podrá volver a tocar el violín".

Esa fue la gota que colmó el vaso. Me resistía a aceptarlo y no tenía otra alternativa que recurrir a mi fe. No estoy afiliado a ninguna secta de sanación, pero Dios tendría que manifestarse de nuevo, ¡por el bien de mi hija!

Es cierto que no *siempre* recibía los milagros que pedía, pero nunca había dejado de recibirlos cuando estaba realmente desesperado y acorralado y no tenía a quién más acudir.

Miré fijamente al médico y le dije: "Mi hija saldrá de aquí en treinta días, completamente recuperada y *volverá* a tocar el violín".

"No le dirá eso, ¿verdad?", dijo el médico.

"Claro que sí, ¿por qué no?"

"Bueno, sería *terrible* de su parte", dijo visiblemente molesto. "Sería muy cruel si la llenara de falsas expectativas, pues si pasan treinta días y ella no muestra síntomas de recuperación, quedará destrozada y perderá el deseo de vivir. Y usted será el responsable".

"Usted no tiene idea de con quién está tratando. Si no es capaz de abordar mi tren de los milagros, entonces, hágase a un lado. No necesito que nadie se interponga en el camino. Primero que todo, no tengo ninguna necesidad de decirle a mi hija absolutamente *nada* sobre los milagros de Dios. Su fe es más fuerte e incondicional que la mía y ella sabe que es un trato hecho. Escúcheme bien, doctor: mi hija saldrá caminando de aquí en treinta días, recobrará la movilidad de sus miembros en un cien por ciento y volverá a tocar el violín".

Desde ese momento, llamé al médico todos los días antes del almuerzo para indagar por la salud de mi hija. Y todos los días me decía: "No hay cambios". Esto se prolongó varias semanas, y la única diferencia que pude detectar fue que a cada día que pasaba, su voz se hacía más lánguida, como si esperara que yo tuviera la razón aunque él perdiera la esperanza con el paso de los días. De hecho, un par de veces me dijo algo así como, "Señor Tucker, me temo que este caso es peor de lo que pensaba. Creo que debería prepararse para lo peor".

Cuando dijo eso, me enfadé mucho y le dije: "¿En dónde está su fe, doctor? Le repito: apártese de mi camino. Si no puede pensar con optimismo, si no cree por anticipado que al final de este mes ocurrirá un milagro, hágase entonces a un lado. No quiero que contamine nuestra fe con su derrotismo. Mi hija saldrá de este hospital en doce días, volverá a ser completamente normal, y tocará el violín a nivel profesional".

El médico me llamó veinticinco días después de que Pamela contrajera el síndrome. Estaba emocionado y habló atropelladamente: "¡No lo creerá, pero es un milagro!"

"Claro que sí, doctor, por supuesto que lo es".

"No, no. Escuche; su hija...". El médico intentó tomar aire. "Es... ¡un milagro! Sus síntomas están desapareciendo a pasos agigantados".

"Por supuesto", respondí pausadamente. Yo no estaba alterado. A fin de cuentas, ¿por qué habría de estarlo? No era nada nuevo para mí. *Sabía* en lo más profundo de mi ser que así sucedería, y ese era el secreto. Yo sabía por anticipado que Dios no nos abandonaría. Yo sabía que ese milagro ya se había hecho y que sólo lo estábamos recibiendo en la fecha esperada.

Cinco días después, me llamó asombrado y me dijo: "Su hija será dada de alta en el día de hoy. Creo que se ha recuperado por completo, pero necesita unas sesiones de terapia para eliminar el poco adormecimiento que siente".

"Gracias, doctor", respondí. "Espero que haya aprendido algo de esto. Nunca dude del poder de la fe absoluta".

Permaneció un momento en silencio y luego dijo: "Sinceramente, no sé qué pensar de todo esto... nunca había visto nada igual... no tengo ninguna explicación...", y siguió tartamudeando.

"Doctor", le dije, "usted tiene ojos pero no ve. Usted tiene oídos pero no escucha".

Pamela asistió a las sesiones de terapia. Cuando se presentó para ingresar de nuevo a la orquesta, ganó la primera silla y las primeras cuerdas. Actualmente, es una violinista profesional.

## *El cáncer ataca*

¿Por qué no recibo todos los milagros que pido si sé cuál es el procedimiento para recibir un milagro? Simplemente, porque soy un ser humano como cualquier otro, lleno de temores y dudas. Me dejo llevar por las preocupaciones y la ansiedad, aunque sé que esa es la verdadera perdición. No he dado ejemplos de estos "fracasos", porque estoy tratando de enseñarte cómo *recibir* milagros, y no cómo obrar erróneamente. Sin embargo, cuando he necesitado un gran milagro y no había nada que yo pudiera hacer al respecto, he *tenido* que recurrir a Dios y dejarlo todo en sus manos.

Una de esas ocasiones, se presentó en febrero de 1990, al recibir una llamada de mi madre, quien se encontraba en un hospital. "Ven inmediatamente", me dijo.

"¿Qué sucede?"

"Tu papá se siente mal y lo traje a la sala de emergencias, pero los médicos no quieren hablar conmigo si tú no estás acá".

Me apresuré al hospital y me remitieron al departamento de oncología. En esa época, yo no sabía que esa palabra era sinónimo de cáncer. Mi mamá me condujo al médico y le pregunté por qué no quería hablar con ella.

"Porque tengo muy malas noticias y quería que hubiera otro miembro de la familia para que la consolara cuando supiera el estado de su esposo".

"De acuerdo", dije. "¿Cuál es el problema?"

"Abrace a su madre con firmeza". Así lo hice. "Su padre está muriendo de cáncer y no podemos hacer nada por él". Mi mamá gritó y comenzó a desvanecerse, pero yo la sostuve.

"¿No puede hacer algo, doctor?", suplicó mi mamá.

"Lo siento. Lleva cincuenta años fumando y sus pulmones están destruidos en un ochenta por ciento. No podemos someterlo a radiaciones, pues si lo hacemos en la zona afectada, destruiríamos otros órganos vitales. No podemos darle quimioterapia porque, repito, eso acabaría con su vida y lo único que conseguiríamos sería empeorar su condición y hacerlo sufrir durante sus últimos días. Tampoco podemos operarlo, pues tendríamos que extirparle los dos pulmones y ¿con qué respiraría?"

"¿Cuánto tiempo le resta de vida, doctor?" Mi mamá ansiaba cualquier rayo de esperanza.

"No durará más de seis meses", dijo vacilante el médico y me asintió para que la abrazara de nuevo. Comprendí que las malas noticias no terminaban ahí.

"Doctor, estamos planeando irnos de vacaciones a la Florida en julio", suplicó de nuevo mi mamá. "¿Cree que mi esposo pueda ir?"

"Me temo que no entiende", dijo. "Su esposo no *llegará* hasta julio".

Mi madre se dirigió a mí, confundida por lo que había escuchado. "¿Qué dice el doctor, William?"

"El doctor está tratando de decirte, tan gentilmente como puede, que mi padre morirá en menos de seis meses". Ella gritó de nuevo y se desmayó en mis brazos. Le dimos sales medicinales y recobró el sentido.

Preguntó, temblando: "¿Cuánto le queda de vida, doctor?" Le asentí al médico para que le dijera la verdad a mi mamá.

"Bueno, es imposible predecirlo, pero no creo que dure siquiera tres semanas más. Podemos darle algo para el dolor. También, podríamos someterlo a un poco de radiación, pero no hará ninguna diferencia".

Mi mamá me miró y dijo: "Hijo, sé que tienes una relación muy especial con Dios. Tienes que salvar a tu padre".

"Oye, mamá. No soy Jesucristo. ¿Qué puedo hacer?", reclamé.

"Sé que hiciste que tu hija se recuperara milagrosamente de una parálisis", me dijo. "Y sé que has conseguido varios millones de dólares por medio de oraciones. Ahora, *debes* curar a tu padre".

Entonces, miré al doctor y le dije: "Está bien. Mi padre se ha curado por completo. No morirá. Su cáncer ha desaparecido".

El médico me miró como si yo estuviera loco.

"No servirá de nada negarlo", respondió. "Su padre no llegará a fin de mes".

"Doctor, usted no sabe con quién está tratando, pero le repito que mi padre se ha curado del cáncer". Y con eso, mi madre y yo salimos del hospital y yo alejé el asunto de mi mente. Como era un trato hecho, no tenía ningún motivo para pensar en eso, preguntármelo de nuevo ni para preocuparme si se cumpliría o no. Sabía que el milagro ya se había efectuado independientemente de que pudiéramos ver o no alguna evidencia física.

Mi padre fue sometido a pequeñas dosis de radiación cada seis semanas y siguió con vida, aunque tal vez sea más apropiado decir que "subsistía". Así y todo, se fue de vacaciones a Florida con mi mamá en julio.

Como yo era comandante en la reserva de la Marina, me llamaron en octubre para enlistarme en la operación "Escudo del Desierto", que antecedió a la "Tormenta del Desierto". Me enviaron a Chicago a reemplazar a otro comandante que viajó a Arabia Saudita.

A finales de febrero de 1991, cuando terminó la guerra que sólo duró cinco días, recibí una llamada. Era el oncólogo de mi padre.

"¿Hablo con el comandante Tucker?", me preguntó vacilante.

"Sí, soy yo".

"Gracias a Dios. He estado buscándolo y lo he llamado a muchas dependencias de la Fuerza Naval. No creerá lo que voy a decirle, pero..."

"Claro que sí, doctor", repliqué antes de que terminara.

"No, no. Escuche. No lo va a creer, pero su padre... bueno, su cáncer desapareció. Se ha curado, ¡es un milagro!", dijo sobresaltado.

"Claro que sí, doctor", respondí. "¿No lo recuerda? Sucedió hace un año, en febrero, allá en el hospital".

"¿Qué dice? No le entiendo".

"Doctor, lo que usted ha presenciado *es* un milagro. ¿No recuerda cuando yo le dije que mi padre se había curado?"

"Ah, sí. Pero lo que quiero decir es que *este* es el milagro. No sé de qué otra manera podría llamarlo". Era evidente que el doctor no entendía.

Mi padre trabajó siete años más y un buen día se enfermó de nuevo. Lo llevamos a otro hospital que nos recomendó su médico. Cuando llegamos, su médico nos saludó, abrazó a mi padre y le dijo a todo el personal: "Presten atención. Aquí está el hombre del milagro". El personal, que aparentemente ya sabía de la cura milagrosa de mi padre, estalló en aplausos.

El médico examinó a mi padre y luego me llamó a su oficina. "Creo que esta vez sí es definitivo", dijo desanimado. "Tiene un cáncer celular letal. Este tipo de cáncer se expande con *mucha* rapidez y es muy resistente a cualquier tratamiento".

"No hay por qué preocuparse, doctor", dije. "Él ya se ha curado".

El doctor me miró en silencio y luego dijo con indecisión, "esta vez... no... lo... creo".

Reí estruendosamente. "Tampoco lo creyó hace un año. ¿Acaso cree que Dios ha cambiado?"

"Bueno", exclamó, "no soy nadie para despotricar de la religión. Mi lema es seguir todo aquello que funcione. Sin embargo, muchas personas tienen fe, pero Dios no las cura a todas".

"Es probable que no le pidan a Dios. ¿Alguna vez ha pensado en eso, doctor? Tal vez, sean unos fatalistas y no molestan a Dios porque creen en el destino. O tal vez le piden pero, en el fondo de sus corazones, dudan que Dios les cumpla y echan todo por tierra. Míreme a los ojos, doctor. ¿Ve algún rastro de duda en mí?"

"Bueno, tendría que esperar y ver si..." dijo vacilando.

"No parece estar muy convencido. Uno tiene que *saber por anticipado* que el milagro *ya* ha sucedido, pues de lo contrario no sucederá".

Una semana después, el médico nos dijo que el cáncer de mi padre había desaparecido.

Sin embargo, mi padre regresó al hospital una semana después; el cáncer le apareció de nuevo. Elevé mis plegarias una vez más y, una semana después el médico dijo que mi padre ya no tenía cáncer. Pocas semanas más tarde, la enfermedad se manifestó de nuevo. Nos estábamos volviendo clientes asiduos del hospital.

Mi padre empeoraba con cada recaída. Se le hincharon tanto las piernas que casi no podía caminar. Tuvo dificultades para respirar. Durante los siete meses siguientes, el cáncer desapareció y apareció. Comencé a sentirme culpable, como si estuviera interfiriendo con un plan superior. Le pregunté a Dios, "¿Cuánto deberá vivir? ¿Debo seguir pidiendo que viva? No quiero que mi padre siga sufriendo". Y, entonces, comprendí. No era asunto mío, no era mi vida ni mi responsabilidad. Era asunto de mi padre... y de Dios. Y, entonces, le dije: "Por favor, haz que esté con nosotros tanto tiempo como sea posible, pero por favor llévatelo con suavidad cuando sea tu turno y el de él".

Durante su próxima cita, mi padre le pidió al médico que lo mantuviera con vida unas semanas más. "Cumpliré cincuenta años de casado y quiero celebrarlos con mi querida esposa".

El doctor me miró. Le hice señas para que le diera esperanzas. El doctor le dijo a mi padre: "Haré todo lo posible", y le sonrió. Tres semanas después, celebramos las bodas de oro de nuestros padres.

Mi padre ya estaba confinado a una cama y las piernas le dolían mucho. Un día, poco después de su aniversario, se cayó y sus lentes se rompieron mientras intentaba ir al baño. Le ayudé a acomodarse de nuevo en la cama. Me miró con mucha tristeza y me dijo llorando: "Por favor, hijo. Déjame ir. Ya es hora. No quiero seguir viviendo con tanto dolor. Déjame morir".

Miré al cielo y pensé: "Lo amamos, pero no queremos que viva en contra de su voluntad. Dios, que se haga tu voluntad". Lo llevamos al hospital y falleció pocas horas después.

## ¿Cuándo es hora de que alguien se vaya al cielo?

Poco después de que mi padre se curara de cáncer por primera vez, un amigo me llamó y me pidió que asistiera a una vigilia por su madre que estaba agonizando. Decenas de amigos y familiares se apretujaron en el corredor mientras el médico la atendía en su habitación. Vi muchas caras largas y tristes. Parecía como si hubieran creído que todo estaba perdido, tal como había dicho el médico. Mi amigo me llevó aparte. "Sé de tus experiencias con los milagros. ¿Tendrías la amabilidad de rezar por mi madre?"

"Sería un honor. Y por favor, si todos pedimos el mismo milagro, ocurrirá mucho más rápido", respondí.

Inclinamos nuestras cabezas y rezamos con fervor. Nos mantuvimos varias horas en vigilia. Todos estaban muy preocupados, pues el médico había dicho que moriría antes del amanecer.

Nos despedimos a las dos de la mañana. Mi amigo y yo salimos a la calle, nos dimos la mano y me agradeció por haber ido. Sonreí. "Cuando quieras. Fue un placer estar contigo".

Se dirigió a su auto, se dio vuelta y me dijo: "Tuvo una vida agradable". Sentí que se me partía el corazón y que mis ojos se llenaban de lágrimas. Y en ese instante, supe que se había ido. Al día siguiente, supimos que había muerto a esa hora.

Creo que tenía que hacerlo. Al menos, eso era lo que todos parecían *creer*.

## ¿Qué es un milagro?

¿Qué es un milagro y qué significa exactamente pedir uno correctamente? Yo defino un milagro como un gran regalo, algo que está más allá del ámbito de lo conocido, un hecho que desafía la lógica o que va contra lo que los científicos llaman el mundo del orden natural.

Permítanme darles un ejemplo. Mi hijo —que en ese entonces tenía trece años— y yo salíamos de una tienda mientras yo le hablaba de Dios y de milagros. Y como siempre sucede cuando hablo de esto, Dios aparece para dar una demostración real. Matt se estaba subiendo al auto, que tenía bordes metálicos en las puertas. Tenía su mano izquierda sobre la puerta y la cerró con la mano derecha, de tal modo que su mano izquierda quedó entre la carrocería y la puerta. Escuchamos el portazo, Matt gritó y me apresuré a abrir la puerta de inmediato, esperando encontrar su mano amputada, herida o ensangrentada. Pero, milagrosamente, no tenía ni un rasguño.

Quedamos sorprendidos. Intenté cerrar la puerta, interponiendo mi mano, pero quedaban faltando dos centímetros para poder cerrarse. No había espacio entre la puerta y las ventanas. Introduje una hoja de papel entre la puerta y la carrocería, y cerré la puerta. Intenté sacar el papel pero no pude. ¿Cómo hizo Matt para salir ileso? Tenía que ser un milagro.

Tendemos a pensar en términos absolutos y en la causa y el efecto. Creemos que ciertas cosas deben suceder en un orden lógico y progresivo para que les sigan otros. Pero los milagros están más allá de la comprensión humana. Si recibimos un milagro —algo maravilloso e inexplicable sucede— sabemos quién es el responsable y le agradecemos a Dios. Algunos encienden velas en señal de agradecimiento, otros van a la iglesia con el mismo objetivo, otros que dicen no creer en Dios ni en los milagros sonríen, se encogen de hombros y lo atribuyen a la buena suerte. Todo eso está bien. No creo que a Dios le importe si reconocemos o no a Dios y a sus milagros. Dios está ahí. Su voluntad de proveernos silenciosa y amorosamente perdurará aunque decidamos creer o no en Dios.

Creo —pues lo he experimentado— que podemos impedir un milagro potencial si no creemos que Dios nos escucha, o si no creemos en su solidaridad o presencia en nuestras vidas.

Tal como dice en Marcos 11,24, en Juan 2,1-11, y en otros pasajes del Viejo y del Nuevo Testamento, el mensaje del amor de Dios se repite una y otra vez. Jesús dijo:

"Por eso les digo, que todo lo que ustedes pidan en oración, crean que lo han conseguido y lo recibirán". Pero no termina ahí, sino que ofrece un par de salvedades en esa lección que también son necesarias para que suceda el milagro y que no podemos pasar por alto. "Y siempre que reces, perdona si tienes algo en contra de alguien; para que tu Padre, que también está en el cielo, pueda perdonar tus ofensas".

Creo que si nos olvidamos de cualquiera de estas tres partes de la promesa de Dios para hacernos milagros, nos desilusionaremos y pensaremos que no nos escucha o no se molesta en responder nuestras plegarias. Pero si hacemos lo que Dios nos pide, ¿cómo podrá *no* hacernos milagros? Si Dios no cumple con los milagros que le hemos pedido, pensamos que es mentiroso o no existe. Y como nada de esto es cierto, entonces Dios *debe* concedernos nuestros milagros. A fin de cuentas, así nos lo ha prometido. Y tal como dice Dios en el libro *Conversaciones con Dios*, y como dijo también Jesús en el Monte: "¿Quién de ustedes, si su hijo les pide un mendrugo de pan, le dará una piedra?... Si saben... cómo hacerles buenos regalos a sus hijos, ¿cómo no habría nuestro Padre que está en el cielo de darle cosas buenas a quienes se las piden?"

Dios está lleno de amor y no nos rechazará si realmente le *creemos*, si asumimos *saber* que ya ha sucedido.

De los tres pasos para un milagro, el segundo —creer por anticipado— es el que más difícil nos parece. Hay amigos que me han dicho: "Yo *sí* creo". Y yo les pregunto: "Si piensas que crees verdadera e incondicionalmente, pidámosle entonces a Dios que haga que alguien entre en este restaurante dentro de cinco minutos, deje una bolsa con un millón de dólares en la mesa y nos diga que es nuestra a cambio de nada, ¿de acuerdo?" Generalmente, me miran perplejos. Parece que nadie quiere probar a Dios hasta este grado. A fin de cuentas, si no sucede así, diríamos que tal vez Dios no existe, y el miedo se apoderará de nosotros. No pretendo restarle méritos a su fe, pues he pasado por lo mismo que ellos y yo mismo se lo he pedido. Le pedí a Dios que me diera un millón de dólares en un período de catorce días. Y catorce días después de hacer mi pedido, un banco me dio un millón de dólares; el presidente me entregó el cheque y me dijo: "No se preocupe si perdemos este dinero. No haremos nada contra usted. Nos pasa con mucha frecuencia. Casi todos los buenos proyectos fracasan, pero cuando alguno tiene éxito, nos sentimos más que compensados por los que fracasaron".

Ahora, si yo le dije a Dios que en "catorce días", ¿cómo se puede explicar esto? ¿Fue azar? ¿Suerte? ¿Coincidencia? Pueden creer lo que quieran, pero yo sé lo que creo. Si alguien de ustedes puede decir que tiene esta suerte cuando se lo propone, me encantaría saber cómo lo hace.

Cuando llegamos a ese momento de verdad, confrontamos nuestra creencia de esperar un milagro por anticipado y no lo recibimos, ¿a quién le echamos la culpa? ¿Quién es infalible? ¿Nosotros, o Dios, quien nunca duda? Como dice una tira cómica, "hemos descubierto al enemigo: somos nosotros".

Y si vivimos con miedo y propiciamos nuestra propia ruina, ¿cómo podemos encontrar la fe ideal por anticipado? Tengo tres sugerencias para conseguir milagros. Primero, siempre he confiado en Dios cuando no he tenido a quién más acudir y necesitaba un milagro a toda costa. Segundo, descubrí que si tengo que darle las gracias a alguien por haberme hecho un favor, siento que se me quita un peso de encima, mientras contagio a Dios con mi bondad. Después de todo, ¿quién diría "gracias" si no se hubiera realizado ya? Luego, lo alejo de mi mente y me olvido, no vaya a ser que caiga en la trampa de las preocupaciones.

Tercero, después de leer *Conversaciones con Dios*, el libro de Neale Donald Walsch, he adquirido una nueva comprensión de lo que es un milagro. Piensen un momento en esto: *todo* es un milagro. Todo acto, toda acción, todos los acontecimientos en nuestras vidas son justo como *creemos* que serán. Si creemos que nuestro ser querido se curará de cáncer, así será. Si creemos que no se curará de cáncer, no lo hará. Todo sucede según lo que creamos. Dios responde a todo lo que creemos, incluso a aquello que no pensamos que estamos "pidiendo".

Probablemente, han escuchado esta advertencia: "Cuidado con lo que pidas, pues podrás recibirlo". Yo sugiero que lo modifiquemos así: "Recibimos lo que creemos, así que cuidado con lo que crees, pues aquello que crees es lo que recibirás".

## *Provocar el milagro "equivocado"*

Daré un par de ejemplos para ilustrar estos aspectos. Durante una de mis frecuentes crisis económicas, comprendí que yo tenía el poder de hacer que Dios resolviera mis problemas con un billete de lotería. En aquella época, aún no había lotería en mi estado, así que fui a comprar un billete a Illinois. A fin de cuentas, yo sólo necesitaba uno y pensé que si le pedía a Dios, él me conduciría al billete ganador.

Me detuve en el primer puesto de lotería que vi. Compré un billete —obviamente el ganador— y regresé a Milwaukee. Yo estaba feliz, pues mis problemas económicos habían desaparecido para siempre.

Sin embargo, la culpa se apoderó de mí. Comencé a preocuparme; temí estar difamando el poder de los milagros que había recibido y utilizar a Dios para mis propios fines. No se me ocurrió que tal vez Dios *quería* que yo comprara el billete ganador.

La preocupación se apoderó de mí durante el viaje de regreso. Pensé en todos los niños del mundo que padecían hambre, y concluí que ellos merecían y necesitaban ganar la lotería mucho más que yo. Pensé que les estaba quitando la comida de la boca. Pensé en todos los enfermos del mundo para quienes el milagro de ganar la lotería podría marcar una gran diferencia en sus vidas. Estas consideraciones me hicieron reflexionar sobre mi propia vida y me di cuenta de todas las bendiciones que había recibido. El sentimiento de culpa era insoportable.

Llegué a casa y sentí desprecio por el billete. Me sentí avergonzado de haber hecho semejante viaje. Bajé del auto, miré al cielo y dije en voz alta: "Padre, si hay otra persona a quien quieras darle este billete, por favor, dáselo".

Debería haber sabido que no había ninguna razón para mirar el número ganador en el periódico, así como no sorprenderme ni decepcionarme de que ninguno de los números de mi billete apareciera en el periódico. Miré, me sorprendí y me decepcioné. No fue sino hasta algunas semanas después, cuando pensé en mi mala suerte, que comprendí que había obtenido exactamente lo que había pedido. Sólo puedo suponer que otra persona recibió el tiquete ganador porque lo necesitaba más que yo, ya que después de todo, así lo había pedido.

## *La lógica lo concede*

¿Por qué regalé mi billete ganador? No dudo que yo tenía el tiquete ganador, pero renuncié a él voluntariamente. ¿Por qué? ¿Por amor al prójimo? Por supuesto. ¿Por solidaridad con los más necesitados? Claro que sí. ¿Por aquellos que no saben cómo obtener un milagro pero lo necesitan desesperadamente? Probablemente. ¿Porque era eso lo que Dios quería que hiciera? Me parece una buena razón. ¿Porque así lo quería yo? Aparentemente.

Pero, ¿y qué si era superior a todo esto? ¿Dudaba de mis méritos? ¿No lo hacemos todos en algunas ocasiones? La iglesia católica acostumbraba vender absoluciones para entrar al cielo que los ricos podían comprar. Pero Martín Lutero señaló que *todos* entramos al cielo *sólo* por la gracia de Dios. Y Dios no le niega la gracia a nadie, sin importar la vida que hubiera llevado en la Tierra. ¿Por qué? Porque Dios ama a *todas* sus criaturas. ¿Por qué no habría de hacerlo? Porque no hay espacio para excluir a nadie de la infinita bondad de Dios.

Creo que Dios, ustedes y yo estamos trabajando juntos. Quisiera que alguien menos afortunado que yo hubiera recibido mi billete, y es razonable entonces suponer que así lo quería Dios también. ¿Qué fue primero, mi deseo o el de Dios? ¿Tiene importancia? No importa en qué creamos, lo único que sé es que *creer* hace que sea así.

# 12

# Creer en milagros hace que sucedan

## La "apariencia" de las malas noticias

A veces, nos suceden cosas que nos parecen malas o aparentemente horribles. En esos momentos, es probable que nos vayamos contra Dios. Mi experiencia me indica que esperamos lo suficiente para que Dios devele su plan, descubrimos que tuvo que suceder algo "malo" para que sucedieran cosas "buenas" pues, de lo contrario, estas últimas no habrían tenido lugar.

De hecho, hay —y lo podremos ver si miramos— una aparente relación causal entre lo que pensábamos que era malo y lo bueno que nos ha sucedido. Estoy seguro de que si ustedes reflexionan sobre un suceso desagradable y sobre la forma en que maldijeron quizás al Todopoderoso porque les pareció insensible, verán que los acontecimientos positivos que les sucedieron después, estuvieron casi seguramente relacionados con ese acontecimiento que tanto los atormentó.

Lo que es bueno recordar cuando sucede algo que parece ser sumamente malo es que deberíamos considerarlo como una bendición. "Cualquiera que sea tu voluntad, Señor, estará bien para mí". Esta oración puede darte mucha paz mental en esos momentos de dificultad.

Generalmente, esos acontecimientos buenos-malos están separados por períodos considerables; meses o incluso años. A mí me sucedió con mucha rapidez. De hecho, si no hubiera sido por mi conocimiento de Dios y de sus milagros, probablemente, habrían rechinado mis dientes en vez de haberme reído.

## *Pedir que te despidan*

En la época de esta anécdota, yo administraba un centro comercial de dos plantas. Me parecía una "dulce prisión": un buen salario, buen empleo, mucha autoridad, la responsabilidad que tanto me gustaba, pero era un trabajo limitado y asfixiante. Yo era muy eficiente y me gustaba lo que hacía. Tenía ciento cincuenta empleados a mi cargo, y a mí me gusta dirigir. Sin embargo, no me sentía realizado y quería hacer otra cosa. Mi espíritu empresarial no había desaparecido con la revista. Al contrario, se me había despertado de nuevo.

Diseñé un programa para computadores basado en el método socrático, con el que los agentes podrían vender bienes raíces en un día, a diferencia de los sesenta que suelen pasar antes de que un agente logre que un comprador haga su oferta. Los agentes de bienes raíces, a veces, tienen que recomendarles a sus clientes cuál casa comprar, y esto hace que recomienden una propiedad, sin saber muy bien si es la más adecuada para el comprador. Tienen una noción errada, pues creen que su trabajo es venderles a los compradores, y para hacer esto tienen que saber todo lo que sea posible sobre las necesidades, deseos y poder adquisitivo del comprador.

Sin embargo, no se molestan en hacer preguntas, pues no podrían hacer nada así, si tuvieran esta información. El programa "Servicio de Listado Múltiple" no tiene como fin buscar las características de decenas de casas y analizar esta información, pero mi programa sí.

Como no soy programador de computadores, necesitaba encontrar a alguien que me ayudara a hacer mi sueño realidad. Llamé al Departamento de soluciones de IBM, pero me pidieron más dinero del que podría conseguir en toda mi vida, y tampoco tenía dinero para invertir. De hecho, vivía gracias a mi cheque semanal. Un día, estaba sentado en mi escritorio, miré al techo y dije: "Te diré algo, Grandulón. Si me consigues un programador de computadores que no me cobre, tendré el valor de dejar este empleo, aunque espero que pueda vivir de ese negocio".

En ese instante, mi jefe —el vicepresidente de la compañía— entró a mi oficina y me dijo: "Lamento tener que decirte esto, William, pero estás despedido".

"¿Qué?", dije extrañado. "¿Acaso no he sido un buen trabajador?"

"Por supuesto. Has realizado una labor destacada. Las cosas serán difíciles sin ti, pues has resuelto casi todos los asuntos para los que te contraté. Pero las cosas no andan muy bien, y mi mejor amigo, que vive en Texas, me llamó a decirme que su negocio había cerrado. Necesita un trabajo, y le he dado el tuyo".

Me eché a reír. El vicepresidente se sorprendió tanto como lo habría estado yo si no supiera cómo hace las cosas Dios. Cuando salió de mi oficina, miré al cielo y dije: "¡No! Se suponía que ibas a conseguirme un programador antes de perder mi trabajo". Me reí porque sabía que Dios no me fallaría.

Terminé de trabajar en la compañía, realizando una buena labor hasta el último día y no me molesté en buscar otro empleo. A fin de cuentas, Dios me "debía" un programador, y me lo "debía" porque yo creía que me haría ese milagro.

Ese día, mientras empacaba mis pertenencias, alguien tocó la puerta de mi oficina. Era un viejo amigo mío. Trabajaba como agente de seguros y no lo veía desde hacía muchos años.

"¡Ron!", exclamé. "¿Qué haces aquí? ¿Viniste en plan de negocios?"

"Sí, así es", respondió. "Como tenía un tiempo libre, decidí visitar a viejos amigos. Quería conocer tu nueva oficina"

"Pues, bien puedas. Ya mismo me iré de aquí", dije sonriendo. "¿A qué te dedicas últimamente?"

"Estoy muy emocionado", exclamó. "Ya sabes que he trabajado veinticinco años en seguros. Pues bien, ahora estoy trabajando en la empresa de un viejo amigo. Desde hace seis meses, vendo programas de *software* para computadores y me encanta.

"¡Qué coincidencia!", dije. "Estoy tratando de montar mi propia empresa de *software*; necesito un programador, pero que trabaje gratis", dije sonriendo.

"No hay problema", respondió. "Estoy seguro de que mi jefe te hará ese programa a cambio de acciones".

"¿Y por qué haría eso por mí?", pregunté.

"Porque le debe su carrera y su éxito a tu hermana. Ella le dio empleo cuando más lo necesitaba y nadie quería darle una oportunidad. Creo que quiere devolverle ese favor. Podríamos visitarlo mañana".

Mi plegaria había sido atendida, tal como yo sabía por anticipado que ocurriría. Miré al techo y dije: "Gracias". Nos vimos al día siguiente y ultimamos todos los detalles.

## *Nuestro estado de perfección*

Como bien lo dijo Jesús, realmente todos somos perfectos. Después de todo, fuimos creados a imagen y semejanza de Dios, ¿no es así? De tal manera que, ¿cómo podríamos ser algo menos que perfectos? Nuestro problema es que no creemos que sea así, y actuamos en consecuencia. Creemos que no podemos ser perfectos y nos comportamos indebidamente de forma deliberada.

Esto se hizo evidente mientras veía un partido de baloncesto. Los Bucks ganaban 98 a 97 y faltaban pocos segundos para que terminara el partido. El otro equipo encestó y se puso frente al marcador, 99 a 98. La única esperanza que tenían los Bucks era un lanzamiento libre de dos puntos. El equipo adversario erró el lanzamiento y el balón quedó en manos de un jugador de los Bucks quien de inmediato, lo lanzó a la cesta contraria y el balón entró justo cuando sonaba el pito final. Todo el público celebró estruendosamente el lanzamiento increíble de la victoria.

¿Increíble? ¿Por qué no fue creíble? Después de todo, era un deportista talentoso que había pasado miles de horas entrenando y perfeccionando sus conocimientos de baloncesto. Claro que casi nunca vemos demostraciones de perfección, ni siquiera por parte de los más expertos. En ese momento, comprendí que aquel jugador no tuvo tiempo durante ese segundo para dudar de sí. Asumió que podía encestar y lo hizo. Su ojo y su brazo, perfectamente creados, se coordinaron con una fe absoluta en su capacidad para realizar su labor sin que la duda o el miedo pudieran producir un resultado diferente.

Pocos días después, yo estaba trabajando en el computador e imprimí una página que tenía un error. Molesto, arrugué la hoja y la lancé al cesto de la basura, y aunque estaba a unos treinta centímetros, cayó afuera. ¿Cómo podía haber fallado? La recogí de nuevo, la lancé, dio en el borde y fallé de nuevo. Me enfadé conmigo. La recogí por tercera vez y la volví a lanzar. Estaba tan cerca que podía introducir el papel con sólo estirar mi brazo, pero ya era un asunto de orgullo. ¡Fallé una vez más! Sin embargo, advertí algo. Había estado mirando el hueco del cesto pero, en el último instante, mi mirada se desviaba, miraba el borde, y claro, el papel daba exactamente en donde había apuntado: en el borde.

Pensé en esto. ¿Cómo podía haber lanzado tres veces el papel contra el borde y que no entrara en el hueco, que era mucho más grande? Después de todo, ¿no es el borde más pequeño de tal modo que si yo hubiera intentado golpear el borde, la bola de papel hubiera caído accidentalmente en el cesto de la basura? Y, entonces, comprendí que el papel daba en donde yo apuntaba: en el borde. Yo estaba dudando de mi capacidad para ser perfecto, y entonces mis ojos y mi brazo erraban el objetivo en el último instante, como para demostrarme que yo era tan imperfecto como creía serlo.

Esta vez, me concentré en mirar un pequeño punto en el centro del cesto. El área parecía ser cien veces más grande que su tamaño real. ¡Canasta! Lancé desde cinco metros: ¡canasta! Luego, lo hice desde siete: ¡canasta! Hice diez lanzamientos sin fallar ni uno solo.

"¡Ajá!", pensé. "Somos perfectos, pero nos decimos que no lo somos, y como creemos que no podemos estar equivocados, hacemos todo lo que esté a nuestro alcance para demostrarnos a nosotros mismos que podemos fallar si hacemos las cosas erróneamente. No podemos escapar a nuestra perfección, así como tampoco podemos escapar a nuestros milagros. Dios nos promete concedernos todos los milagros que queramos, de tal modo que toda acción, todo acto y todo en nuestras vidas es un milagro. Cuando padecemos cáncer, es un milagro porque lo hemos pedido consciente o inconscientemente. ¿Cómo? Temiendo que podamos contraerlo. Así, hacemos que sucedan ese tipo de situaciones.

Algunas personas fuman cigarrillo durante sesenta años y nunca les da cáncer de pulmón. Otros contraen esta enfermedad a pesar de no haber fumado nunca. ¿Por qué sucede esto? ¿Cuál es la lógica? Cuando conseguimos un millón de dólares, pensamos que es un milagro porque es algo completamente afortunado. En resumen, conseguimos lo que creemos que vamos a conseguir y lo que creemos que merecemos. Si creemos que somos imperfectos y que no merecemos cosas buenas, eso es lo que obtendremos: es justo lo que necesitamos para demostrarnos a nosotros mismos que no somos perfectos y que no merecemos nada bueno.

Me acuerdo de otra ocasión en que esto se manifestó de nuevo. Había una chica que ayudaba en las labores domésticas de nuestra casa y siempre dudaba de sí. Esta actitud se explicaba fácilmente, pues su padre había dudado de sus capacidades desde el día en que ella nació. Lo único que escuchó en sus primeros veintidós años de vida fue que era una incapaz. Me confesó que no sabía conducir, y que, peor aún, era incapaz de aprender. Le dije que era muy sencillo y que la prueba era que casi todas las personas aprendían a conducir sin importar su coeficiente intelectual. Me ofrecí para enseñarle; debió ser la primera señal de que las cosas no iban a salir bien. Si decimos que lo intentaremos, estamos asumiendo una posibilidad de fracasar y, por lo tanto, fracasamos.

Nos dirigimos a una carretera solitaria donde no había tráfico y le dije que se hiciera detrás del volante. Comenzó bien, acelerando suavemente y conduciendo en línea recta. Luego, de un momento a otro, giró el volante en dirección a una zanja. "¡Gira el volante!", grité. "¡No, no! ¡Para el otro lado!", le dije asustado, pero ella siguió girando el volante en dirección contraria y terminamos en la zanja. Le extrañó que sucediera esto, pero tampoco le sorprendió. Ella esperaba ir a dar en la zanja. Ella esperaba fracasar. Ella tenía que demostrarme a mí y a sí misma que era inferior a la perfección de Dios.

Esto trae a cuento la necesidad de entender cómo funciona este planeta en donde vivimos. Y para ilustrar esta certeza, uno tiene que comenzar por comprender que "todas las cosas en el planeta Tierra son contrarias a la realidad". No algunas ni la mayoría, sino todas. Les narraré una pequeña historia que ilustra este concepto.

# 13

# El secreto de la vida

Esta historia es una lección sobre los Estados Unidos que no ha sucedido aún. ¿Cómo lo sé? Porque yo soy del futuro. De hecho, no soy de la Tierra, sino de otro planeta. Mientras que los Estados Unidos se disponían a demostrar la teoría de la relatividad de Einstein sobre la curvatura del espacio, enviando un astronauta en una misión espacial, mi planeta me envió en una misión similar. He venido a la Tierra del planeta Oleic...

## El planeta Oleic

La teoría de la relatividad habla de muchas cosas. Dice que el espacio es curvo y que el tiempo se comprime con la velocidad. Así que la teoría sostiene que si un hombre pudiera viajar a la velocidad de la luz, iría a través de la curvatura del espacio y regresaría a la Tierra veinte años después. Sin embargo, en el planeta Tierra habrían pasado miles de años y todos sus amigos habrían fallecido.

Los humanos logran esta hazaña en veinte años. Norteamérica inventa un cohete que viaja a la velocidad de la luz y envían un astronauta al espacio para comprobar la teoría de Einstein, así como Colón navegó para encontrar una nueva ruta hacia el Lejano Oriente, o como Magallanes navegó para demostrar que la Tierra era redonda.

El astronauta viajó en el año 2020 d.C., pero su nave se estrelló dos semanas después. "No", pensó. "No puedo haber recorrido todo el espacio en sólo dos semanas. Debo haber aterrizado en un asteroide o algo así, y ahora me quedaré aquí el resto de mi vida."

Salió de la nave; estaba destrozada y no podría volar de nuevo. Dio una vuelta para ver dónde pasaría el resto de sus días y ¡sorpresa! No sólo estaba en la Tierra, sino en las afueras de su ciudad natal. Decidió irse a casa pues comenzaba a oscurecer. Llamaría a la base espacial al día siguiente y les diría que parecía haber volado una semana alejándose de la Tierra, y que luego había retrocedido hasta regresar de nuevo.

Cuando llegó a las afueras de la ciudad, vio un aviso que debía decir "Bienvenidos a Pequeñolandia", pero que decía "Sodinevneib a Aidnaloñeuqep". Caminó por las calles y vio que los nombres eran los mismos de siempre pero estaban escritos al revés. "¿Qué pasará?", se preguntó. Debe de ser alguna travesura de estudiantes, concluyó.

Cuando llegó al centro, vio que todos los autos circulaban por el carril equivocado. En los restaurantes, las personas comían con la mano izquierda. Asombrado, se apresuró a la casa de su novia, pero ella no lo conocía. Tras hablar con ella, advirtió que no estaba de nuevo en la Tierra, sino en otro planeta llamado Oleic.

Se puso muy triste. Estaba atascado en ese extraño planeta que parecía ser la Tierra —aunque no lo era— y comprendió que tendría que permanecer allí por siempre, pues su nave espacial estaba averiada. Decidió que tendría que adaptarse y comenzar una nueva vida en ese planeta. Consiguió empleo como vendedor y dedicó su tiempo libre a aprender todo lo que pudiera del nuevo planeta.

# El secreto de la vida

Descubrió que tenía el mismo número de continentes que la Tierra y que se parecían a estos, pero quedaban en lados opuestos y estaban configurados de manera inversa a los de la Tierra.

En el continente "norteamericano" de ese planeta, la Florida quedaba en la costa oeste, y California en la costa este. "¡Qué extraño!", pensó.

También, descubrió que aquel planeta tenía el mismo número de habitantes que la Tierra: seis mil millones. Comenzó a enterarse de algunas cosas sorprendentes; no padecían hambrunas. Había la misma cantidad de alimentos que en la Tierra, pero el sistema de distribución era mucho mejor. De hecho, no vio ningún rastro de ira, odio, prejuicios ni guerras. Todos parecían vivir en armonía.

Su compañía tenía una estructura poco común. El organigrama era más o menos así:

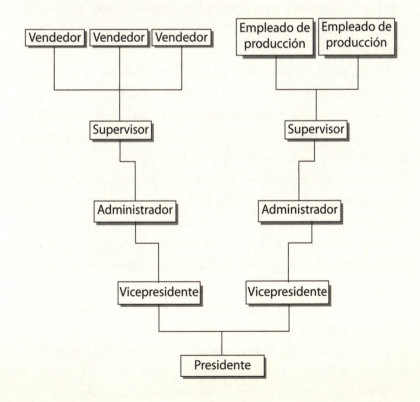

Cuando el hombre quiso saber el porqué, pues le pareció que el orden jerárquico estaba invertido o al revés, el presidente de la compañía le explicó, haciéndole algunas preguntas. "Las personas importantes deben estar arriba y mientras más bajos, menos importantes serán las personas, ¿verdad?"

"Por supuesto", coincidió el astronauta, pues era el orden normal de los organigramas.

"¿Quiénes son las personas más importantes de esta compañía?", preguntó el presidente.

El astronauta señaló, que debido a su experiencia, el presidente era la persona más importante de una compañía, porque era el responsable de que los demás tuvieran empleo.

El presidente le preguntó: "¿Y quién hace que la compañía reciba dinero?", "Los vendedores y los empleados de producción", dijo el astronauta. Y el presidente le respondió: "Si no hay buenos vendedores y empleados de producción, no puede haber siquiera una compañía". El astronauta reconoció que eso era cierto.

"Si los vendedores y los empleados de producción son quienes sostienen a la compañía", continuó el presidente, "tienen que ser entonces las personas más importantes de la compañía, y tendrán que estar arriba. El resto del personal —supervisores, administradores, vicepresidentes y presidentes— tiene la función de apoyar a los vendedores y empleados de producción. Por lo tanto, mientras más desciendas en la lista, menos importantes serán en términos jerárquicos, porque tienen menos influencia sobre un número mayor de personas. Sólo existen para que los vendedores y los empleados de producción sigan generando ingresos".

"Pero", protestó el astronauta, "los jefes dan órdenes, y las órdenes vienen de arriba".

"¿Y de dónde vienen las preguntas?", lo desafió el presidente.

"De abajo, donde estoy yo", respondió el astronauta.

"¡Exactamente!", exclamó el presidente. "Los vendedores de arriba traen los pedidos de los clientes, y los empleados de producción se encargan de ellos. El personal de apoyo —como los administradores— no "mandan" a la gente. Hacen preguntas para que los vendedores y los empleados de producción piensen en términos críticos y resuelvan sus propios problemas. Sólo si las personas utilizan sus cerebros adecuadamente y son responsables de sus propios desafíos, podrán aprender y refinar sus destrezas. Así que, la labor del personal de apoyo es ayudarles a las personas más importantes de la compañía a realizar su trabajo con preguntas, no con órdenes".

El astronauta concluyó que esta complicada explicación tenía sentido, así que dejó de hablar del tema. El presidente agregó que era por ello que los vendedores tenían éxito con sus clientes, siendo éstas las únicas personas más importantes para la compañía que los vendedores y los empleados de producción. "Nuestros vendedores", explicó, "les preguntan a nuestros clientes por sus problemas y necesidades, y las satisfacen al tomar sus pedidos. Nuestro departamento de producción les pregunta a los vendedores cómo pueden servir de la mejor manera a los clientes de los vendedores, y satisfacen sus necesidades con nuestros productos.

"El sistema funciona muy bien. ¿Puedes imaginar el lío que se armaría si todo fuera al revés y los vendedores intentaran decirles a sus clientes lo que debían comprar, o que los administradores les dijeran a los vendedores lo que debían decirles a sus clientes? No tardaríamos en fracasar. Dejaríamos de vender y al departamento de producción le tendría sin cuidado lo que los clientes quisieran. Supongamos que los jefes fueran los miembros del personal de apoyo. Estarían fuera de contacto con la realidad, creerían que son más importantes para la compañía de lo que realmente son, y todo se vendría abajo. Ya me imagino a nuestro personal de apoyo, llamándose a sí mismos como ejecutivos, recibiendo los salarios más altos, tomándose varias horas para almorzar y andando en autos lujosos. ¡Sería algo completamente absurdo! Nadie escucharía a nadie y no se podría hacer nada".

El astronauta meditó en estas palabras. Al día siguiente, regresó a la oficina del presidente, pues tenía más preguntas. "No sé si entiendo su filosofía", comenzó. "¿No se supone que debemos ser responsables de nuestro trabajo?".

El presidente miró hacia el cielo. "Déjame preguntarte algo", dijo, "respóndeme con dos palabras qué hacen los agricultores".

"Sembrar alimentos", dijo el astronauta.

"¿Y un médico?"

"Curar personas", respondió con rapidez.

"¿Y un profesor?"

"Enseñar".

"¿Y un vendedor?", preguntó el presidente.

"¡Vender!", respondió el astronauta.

"No sé de dónde has sacado esa información", señaló el presidente, "pero está claro que tienes mucho qué aprender. En primer lugar, un agricultor no siembra alimentos. Un agricultor encuentra las semillas de Dios; las planta, en la tierra de Dios, espera que reciban la lluvia y el sol de Dios para que puedan crecer, así que lo único que hace es cortar. El agricultor no puede crear nada, sólo es un recolector, un cosechador.

"Un médico no puede 'curar' a nadie y será el primero en reconocerlo. Lo único que hace es reacomodar el hueso fracturado; es Dios quien lo remienda y lo sana de nuevo. Digamos que el médico encuentra algo extraño, un cáncer, por ejemplo, y lo extirpa. Luego, espera a que Dios regenere las células y cure el organismo afectado.

"Un profesor no puede enseñar nada si el estudiante no escucha o no entiende, porque no puede hacer pensar al cerebro de otra persona. Un profesor puede ofrecer información del modo más ameno posible, pero depende del estudiante entender y pensar con el cerebro que Dios le dio si quiere saber cómo funcionan las matemáticas, las ciencias, o el lenguaje.

"Y un vendedor no puede 'venderle' a nadie algo que no quiera comprar. Tienes que entender cómo funciona este planeta si quieres ser vendedor. Lo único que un vendedor puede hacer por un cliente es ayudarle a que descubra por sí mismo si quiere o necesita ese producto como la solución ideal a su problema, y a comprender si puede costearse la solución que le ofrece el vendedor, quien no alcanzará el éxito hasta que no empiece a confiar en que Dios es quien le ayuda a vender, haciendo que la gente descubra sus propias necesidades y soluciones, porque el vendedor hace el trabajo de Dios con las personas".

Al día siguiente, el astronauta regresó de nuevo a la oficina del presidente para pedirle algunos consejos. "¿Podría decirme qué les hacen en este planeta a los asesinos en serie? Los condenan a cadena perpetua o a la pena de muerte, ¿verdad?"

El presidente miró hacia el cielo, pues no podía creer lo que acababa de escuchar. "¿De qué serviría eso?", respondió. "Déjeme hacerle algunas preguntas", continuó claramente, convencido de que sus preguntas hacían reflexionar al vendedor. "¿Por qué una persona se convierte en un asesino en serie?"

"No sé".

"Claro que sí", protestó el presidente. "No te has hecho esa pregunta porque crees que no sabes la respuesta. Así que respóndeme esto para ayudarte a contestar esa pregunta. ¿Cómo se recibe amor?"

El astronauta pensó un momento y respondió: "Dándolo".

"De acuerdo", aceptó el presidente. "Y para darle algo a otra persona, debes tener una cantidad adicional, ¿verdad?"

"Sí", concordó el astronauta.

"¿Y a quién debe amar primero quien va a dar amor?"

"¿A sí mismo?"

"De acuerdo, y si alguien da odio, ¿a quién tendrá que odiar primero?"

"¿A sí mismo?"

"¿Me estás diciendo entonces que los asesinos en serie no se aman a sí mismos porque dan odio?"

"Sí", respondió el astronauta.

"Entonces, podemos decir que ellos les dan odio a los demás, golpeándoles en la cabeza con un hacha luego de sufrir un ataque de ira", continuó.

"Sí".

"Entonces, creo que sí sabes por qué razón algunos individuos se vuelven asesinos en serie. Déjame preguntarte algo: si creemos que no está bien matar, ¿cómo podemos justificar hacerle eso a otro ser humano? ¿No estaría diciendo eso algo sobre nuestra inseguridad, sobre cómo nos sentimos con respecto a nosotros por dentro?"

"Creo que...", concordó el astronauta, mientras pensaba en el extraño rumbo que tomaba la conversación.

"Dime", continuó el presidente, "¿qué lograríamos con el asesino en serie si lo encarceláramos de por vida? ¿Aprendería a amarse a sí mismo? ¿Sabría que lo amamos como ser humano y como semejante, y que merece nuestro amor?"

"Claro que no", el astronauta estaba listo para sentar su posición, "pero aunque estoy de acuerdo en que no se rehabilitaría, tampoco podría seguir matando".

"Sería necesario entonces encerrarlo de por vida, sin posibilidades de que saliera en libertad condicional, porque es obvio que en la prisión no aprendería a amar, ni siquiera a sí mismo, ¿verdad? Y si lo liberaran, seguiría con el mismo problema de falta de amor a sí mismo, ¿no es cierto?"

"Creo que sí", respondió el astronauta.

"Pues bien, te diré qué hacemos con un asesino cuando lo capturamos. Lo subimos a un tren y lo enviamos a una pequeña población. Cuando el tren llega a la estación, una banda interpreta la canción *Porque él es un buen compañero*, y ciento cincuenta personas lo están esperando para saludarlo, abrazarlo y decirle que lo quieren. Le dan casa y auto gratis, muebles, un televisor y le consiguen empleo. La población no tiene rejas y las puertas no tienen cerraduras. Es libre de escapar de nuevo, pues confiamos en él."

"¿Y qué sucede si decide robarse el televisor del vecino?"

"Ah, no hay problema", respondió el presidente. "Nadie se enfadaría, si es que te refieres a eso. Simplemente, esperarían hasta que se durmiera y entrarían por su aparato de televisión, pues las puertas no tienen cerraduras. Y no importa cuántas veces se robe el televisor del vecino, éste entrará para recuperarlo de nuevo. Nadie le hará mal a nadie y el ladrón se cansará del juego y se comprará otro aparato de televisión".

"De acuerdo, pero ¿y qué si entra a una ferretería —pues ninguna puerta tiene cerradura— saca un hacha, va a la casa del vecino, se lleva su televisor y lo mata para que no lo recupere de nuevo?"

"Lo arrestaríamos de nuevo".

"Pero usted dijo que no hay rejas, de tal manera que él podría asesinar a alguien y escapar".

"¡Pues lo volveríamos a arrestar!", señaló el presidente. "Y lo enviaríamos en un tren a otra pequeña ciudad donde los pobladores lo recibirían con el corazón abierto y una banda tocaría música...".

"Sí, entiendo", protestó el astronauta. "¡Pero mata a otra persona y ya habrá asesinado a dos buenas personas, y ese maniático se saldría de nuevo con la suya!"

"¿Buenas personas?, inquirió el presidente. "¿Maniático?", preguntó para que el astronauta reflexionara. "Todas las personas son criaturas de Dios. Todas las personas son hijas de Dios. Dios ama a todos y a cada uno de ellos. Creo que no estás entendiendo. Si le demostramos que lo amamos de verdad, él comenzará a entender que sabemos que es una buena persona en el fondo de su corazón, comenzará a entender que es amable, aprenderá que alguien, en algún lugar, habría cometido el error de decirle que no lo era y, entonces, comenzará a amarse a sí mismo. Y cuando así suceda, comenzará a dar amor. Tu lógica con respecto a lo que hace que una persona sea amada o un asesino, es muy simple, si es que he de creerte.

"Sin embargo, entiendo de dónde proviene tu razonamiento. Tienes miedo, así que quieres apartarlo de la sociedad, porque no puede ser rehabilitado o porque no vale la pena intentarlo. No estás lidiando con él ni con su criminalidad, ¿verdad? Estás lidiando con el miedo que le tienes a él. Como dijo hace mucho uno de nuestros residentes más queridos: '¿Y quién podría añadirle algo a su vida si se llenara de ansiedad?' Todos nosotros morimos y sabemos que no lo haremos hasta la hora señalada, así que, ¿qué habríamos de temer? Más importante aún, ¿qué podríamos ganar en lo referente a la disminución del número de asesinos, si realmente aprendemos a amar a nuestros semejantes, a todos nuestros semejantes, y les enseñamos a amarse a sí mismos y a nosotros?"

El astronauta permaneció meditando en estas palabras. "Este lugar es muy disparatado", concluyó. "Todo es exactamente al revés de lo que pensamos en la Tierra. Interesante... este planeta es el reflejo invertido de la Tierra, la imagen opuesta".

Pero, finalmente, comprendió: "Este planeta no es la imagen invertida de la Tierra; la Tierra es la imagen invertida de éste. En este planeta, se hace el bien. Es en la Tierra donde todo es falso y al revés. Éste es el mundo verdadero". Después de comprender esto, el astronauta se alegró de pasar el resto de su vida en el planeta de Oleic, pues sabía que, "en el comienzo de todo, Dios creó el Oleic y la Tierra...".

Si quieres explorar este concepto que dice que en la Tierra todo es al revés, hazte preguntas sobre tus creencias más arraigadas y descubre las respuestas reales y verdaderas; tus respuestas. Comienza a ver la verdad de las cosas de la Tierra y tu mente crecerá y te conducirá por el camino del descubrimiento y la iluminación.

Pregúntate: "¿Qué vieron los cruzados en las enseñanzas de Cristo para querer matar a los impíos en su nombre? ¿Fue correcto esto? ¿Estuvo de acuerdo con las enseñanzas de Cristo? Yo no he podido encontrar un solo pasaje, frase o palabra que haya dicho Cristo que sea diferente de "ama a los demás". De hecho, Él repitió en varias ocasiones: "Ama a tus enemigos y ofréceles la otra mejilla". Pero hemos tomado su palabra y la hemos puesto al revés. Claro que no eres un cruzado, así que no malinterpretarás esto ni tergiversarás sus enseñanzas, ¿verdad? Supongo entonces que no te enfadarás con nadie mientras conduces, en el trabajo, o —Dios no lo quiera— en tu hogar. Ofrecer la otra mejilla no se refiere sólo a los desconocidos y a los enemigos, y lo que hacemos por nuestros enemigos, ¿no lo deberíamos hacer aún más por nuestros seres queridos?

Puedes hacerte estas dos preguntas, que te ayudarán a encender tu motor filosófico: si lo que yo dije es cierto —que todo está al revés—, pregúntate entonces...

Si la llamamos Vida, ¿qué es, realmente?

Y si la llamamos Muerte, ¿qué es, realmente?

Hay tantas cosas, conceptos e ideas que valoramos mucho y que son contrarias a la verdad, que este ejercicio es interminable. Pero cuanto más indaguemos en ello, más rayos de entendimiento iluminarán nuestra psicología, nos dará poder sobre nuestras vidas, y nos ayudará a utilizar este poder para nuestro beneficio y el de nuestros semejantes.

# 14

## ¿Cómo arruinamos nuestros milagros?

*La parte más difícil es no hacer nada*

He visto que la parte más difícil es no hacer nada cuando realmente hay tanto por hacer. Y ya que sabemos cuál es la parte que se nos exige en los milagros que recibimos, ¿qué es lo que no debemos hacer? No debemos hacer nada para promover nuestro milagro, y esto a veces nos cuesta tanto como *creer por anticipado*.

Digamos que corres el riesgo de sufrir una catástrofe sobre la que parecería lógico que pudieras o debieras tener control, pero que se te ha escapado por alguna razón. Digamos que corres el riesgo de perder tu casa. Te quedaste sin empleo hace un año y no has conseguido otro. Estás ahogado en deudas, acorralado y no puedes hacer nada al respecto. Entonces, acudes a Dios, le pides su indulgencia para que te haga un milagro, es decir, dinero para poder salvar tu casa.

Le rezas a Dios para que te haga ese milagro. Piensas en alguna hostilidad que puedas sentir hacia alguien y le perdonas de todo corazón cualquier ofensa que te haya hecho. El único recurso que te queda es creer por anticipado que Dios te concederá el milagro en un cien por ciento, pues sabes que el 99.9 por ciento de la fe se reduce a esto: la tienes o no la tienes. Si no la tienes, es mejor que no te engañes y más te valdría apelar a otros recursos porque no conseguirás el milagro. Dios promete que te concederá lo que le has pedido si crees por anticipado y en términos absolutos.

*Creer por anticipado = saber que ya has obtenido el milagro.*

De este modo, podrás pedir ese dinero inesperado y fijar una fecha para recibirlo. Mientras tanto, aquí está una lista de lo que no puedes hacer:

1. No puedes preocuparte de si Dios te dará o no lo que le has pedido. Lo único que demostrarías es que no se lo has dejado a Dios, sino que estás aferrándote a lo que has pedido.
2. No puedes rezar y pedir de nuevo al día siguiente. Esto también demuestra que aparentemente no creíste la primera vez que rezaste y pediste, pues si no fuera así, ¿por qué habrías de rezar y pedir de nuevo? Es señal de tu miedo a fracasar, de que dudas que Dios existe y que responde todas tus plegarias. Y si pides dos veces el mismo milagro, ¿qué te detendrá al tercer día? ¿No deberías rezar entonces y pedir de nuevo el milagro ese día y el siguiente, y así sucesivamente? ¿En qué día elevarás entonces el pedido que sabes que se te concederá?
3. No puedes ayudarle a Dios. Sí, ya sé que es difícil que no quieras participar para recibir tu milagro. Tal vez, pienses que deberías pedir dinero en el banco; quizá puedan darte un respiro, pedirlo de puerta en puerta, o llamar a tu tío rico que guarda hasta el último centavo y nunca le ayuda a nadie; tal vez, Dios le ablande el corazón. No puedes hacer nada en este sentido para ayudarle a Dios. Si Dios quiere que tu tío te ayude, éste te llamará sin que se lo pidas.

Dios no necesita nuestra ayuda; es capaz de hacer milagros sin ayuda de nadie. Si haces alguna de estas cosas proactivas, arruinarás tu milagro. Cuando interfieres con la labor de Dios, le negarás la oportunidad de entrar en acción.

A manera de analogía, si vas conduciendo un autobús y estás descendiendo por una montaña, tú no dejas que Dios ponga sus manos en el volante. Es verdad que es difícil retirar tus manos del volante si el autobús está descontrolándose y el precipicio está al lado tuyo. Se necesitaría un gran acto de fe —algunos dirían que una temeridad— para soltar el volante y confiar en que Dios conducirá.

Si en ese momento te vuelves fatalista y te dices: "Está bien. Probaré suerte con Dios; si conduce bien el autobús, sobreviviré; si no, moriré y por lo menos lo habré intentado", será mejor entonces que no retires las manos del volante porque seguramente morirás. Esa forma de razonar no es una declaración de fe. "Intentar" es cosa de tontos. "Intentar" supone una posibilidad de fracasar. O haces algo o no. Tú tienes la capacidad para decidir, pero ¡decide! No "intentes", porque sólo te estarías engañando al pensar que "quizá tenga suerte". "Intentar" es programar el fracaso absoluto.

Los seres humanos podemos hacer todo lo que pongamos en nuestras mentes, cuerpos y espíritus, y nos estaremos mintiendo si decimos que lo "intentaremos", ya que estaremos expresando nuestro temor a un posible fracaso, y si afirmamos tener miedo, no estaremos demostrando nuestra "fe".

¿Quiero decir entonces que no puedes hacer nada y que te sentarás a esperar? ¡No! No "esperes". Si "esperas", Dios te dará: la "espera", porque esas son tus "expectativas".

## *La preocupación, "destructora" por excelencia*

¿Por qué nos preocupamos? Creo que por varias razones. En primera instancia, por lo desconocido. Nos preocupamos porque nos decimos que no sabemos lo que nos traerá el mañana. ¿De dónde saldrá el dinero para pagar la renta si nos despiden del trabajo? ¿Qué pasará con nuestra tía que está enferma? Mi hijo irá solo a la escuela por primera vez; ¿le pasará algo? Vemos que a muchas personas les suceden cosas horribles y tememos que también nos sucedan a nosotros. Si todos creyéramos en Dios y en la Divina Providencia, si creyéramos en pedirle al Todopoderoso y confiáramos en que Dios nos concederá lo que deseamos con el corazón, dudo que nos preocupáramos o que sintiéramos miedo. Así que si nos preocupamos, eso nos demuestra en dónde está nuestro nivel de fe.

Segundo, yo creo que la preocupación nos motiva. A lo mejor, nos sentimos motivados al preocuparnos porque así empezaremos a planear cómo evitar eso a lo que tememos. Si temermos por nuestro empleo, por ejemplo, podríamos entonces sacar el tiempo para buscar otro. En este sentido, quizá las preocupaciones nos dan una sensación de seguridad, y las vemos como una buena causa.

Pero yo te pregunto, ¿en dónde están tus esfuerzos y tu concentración? ¿En mejorar tu rendimiento y/o en tus relaciones con tus compañeros de trabajo, o en acabar con la confianza que te tiene tu empleador actual y en hacerlo a un lado para buscar una nueva oportunidad? Si no tuviéramos miedo y confiáramos en el "gran yo soy", tal vez podríamos emplear nuestras energías para fortalecer nuestro empleo actual con la creencia y la esperanza de que todo saldrá bien.

La pregunta entonces es ésta: ¿Es "bueno" preocuparse? La causa de la preocupación es el miedo, y esto hace que el miedo sea el causante de todo. "¿Es un causante "bueno" o "malo"? ¿Podemos controlar nuestro destino? ¿Somos capitanes de nuestra suerte? Eso nos remite de nuevo al concepto de la causa y el efecto. Si somos buenos estudiantes en la escuela, esperamos hacer un buen trabajo, ¿verdad? De cierto modo, la expectativa es una expresión de la fe, es decir, lo opuesto al miedo.

Dejamos de sentir miedo cuando esperamos haber tomado las medidas necesarias para que nos sucedan cosas buenas.

Pero, ¿qué control tendremos a nivel físico acerca de si se presentará o no la oportunidad, pues nos hemos preparado adecuadamente? Ninguna. Podemos hacer todo "bien", y la oportunidad no se presentará cuando la necesitamos, ¿verdad? ¿No es de allí que viene la frase, "la vida no es justa"? ¿Y qué hacemos cuando advertimos que la vida no es justa? ¿Acaso no sentimos miedo y preocupación?

Si tenemos pensamientos negativos, ¿nos harán tener comportamientos constructivos? ¿Acaso las preocupaciones excesivas no alteran nuestra actitud y los resultados que obtenemos? ¿No has visto a personas que se preocupan tanto por sus empleos que terminan explotando y diciéndole a su jefe que "haga lo que quiera"? Todos sabemos cuáles serían las consecuencias de una conducta semejante, ¿verdad?

Es aquí cuando la ironía se manifiesta. El objetivo de la persona que se preocupa hasta el punto de enfadarse es conservar su empleo, pero termina actuando de tal forma que lo pierde. En ese sentido, teníamos control sobre nuestro destino, pero no obtuvimos lo que queríamos. Creo que la pena de muerte viene de allí, cuando decidimos matar a un asesino, porque ha cometido un asesinato; sólo podemos aceptar esa conducta tan conflictiva debido al miedo y a la falta de fe en Dios y en nuestros semejantes. Matar a un asesino es algo que nos da una sensación de control. ¿Pero realmente es así? ¿Matar al asesino ha prevenido alguna vez que no ocurran más asesinatos? ¿No recogemos lo que sembramos? Si vivimos en una sociedad que sostiene que matar es una conducta aceptable de su parte, estaremos creando entonces una sociedad en la que el asesinato será la respuesta aceptable y esperada a las frustraciones.

Analicemos esto desde el ángulo opuesto. Si creáramos una sociedad en donde la respuesta adecuada a los asesinatos fuera amar al asesino en vez de asesinarlo y comprendiéramos que sólo el amor puede curar la falta de amor propio del asesino y que es el origen de su conducta inaceptable, ¿no tendríamos entonces una sociedad en la que todos aprenderíamos que no hay necesidad de tener miedo y que el amor es la única solución? ¿Acaso no tratamos de hacer esto, cuando reprendemos a nuestros hijos por haber golpeado a otro niño? ¿Acaso no tratamos de explicarle que los golpes no son la respuesta adecuada a sus frustraciones?

Pero los niños no aprenden lo que les dicen, ¿verdad? Ellos aprenden los comportamientos que ven en sus padres, aprenden cuál es el comportamiento esperado cuando ven la forma en que sus padres manejan sus frustraciones. Siempre que veo a un adulto ebrio, conducir como un salvaje, o golpear a sus hijos en la calle, inmediatamente, pienso en la clase de hogar en el que crecieron, y me da lástima por ellos y por sus padres que les enseñaron ese tipo de comportamientos. Pero más importante aún, veo que fueron contagiados con el miedo derivado de sus frustraciones. Veo cómo las "preocupaciones" están arraigadas en sus vidas. Básicamente, veo cómo la falta de conocimiento y de fe en Dios los ha lanzado a la deriva en el barco de la vida, sin ninguna dirección. Veo lo descontroladas que son sus vidas y veo también las semillas de la preocupación.

Me pregunto por qué razón habrá mejorado nuestra sociedad. Hace veinte o treinta años, nadie hacía ni decía nada cuando un padre golpeaba a su hijo, pues era "socialmente inaceptable" interferir con la forma en que los padres educaban a sus hijos como si fueran posesión de ellos, cuando realmente debemos cuidar a los niños, pues Dios nos confió su cuidado. Actualmente, semejante conducta es considerada inaceptable, y es perfectamente plausible que otro adulto reprenda al padre que ha golpeado a su hijo en público, lo cual es adecuado.

Así mismo, no hace mucho tiempo, en Norteamérica, los blancos se hacían los sordos ante los prejuicios raciales, o incluso ante los chistes raciales que se hacían en público. Pero actualmente, esa es una conducta inaceptable, lo cual está bien; le llaman "tolerancia", una palabra que me tiene sin cuidado. Para mí, significa que nos estamos soportando mutuamente a pesar de nuestros verdaderos sentimientos. Creo que "amor" sería una palabra más adecuada. Amor por nuestros semejantes, aceptación de nuestros semejantes a pesar de sus defectos, pues sólo el amor puede curar. Cuando vemos que un padre golpea a su hijo, sabemos que lo hace por su frustración y porque no sabe cómo manejarla. Y nos solidarizamos no sólo con el niño, sino también con el padre, pues comprendemos que carecen de una noción de amor propio que sólo puede explicarse como una falta de entendimiento de Dios, porque Dios sólo es amor.

Dios nos ama sin importar lo que hagamos y nos acepta en el cielo cuando termina nuestra vida mortal, porque no tenemos otro lugar adónde ir. La Biblia nos dice que "En el comienzo de todo, Dios creó el Cielo y la Tierra". Punto. No creó otros lugares más que esos dos. Así que si no estamos en el uno, tenemos que estar en el otro. No existe "infierno", "purgatorio" ni ningún otro lugar. Un Dios lleno de amor no podría crear un lugar así, porque Dios acepta a todos los seres humanos, independientemente de lo que hagamos, pues sabe que no fue nuestra intención cometer actos reprobables. Dios sabe que sólo sentimos miedo debido a nuestra falta de fe y de comprensión de Dios y de su amor irrestricto hacia todas sus criaturas.

Respira profundo, apártate de tu vida un minuto y piensa "quién crees que eres". ¿Una persona preocupada? ¿Te has sentido frustrado y no has sabido qué hacer en una situación dada? ¿Eres temeroso? ¿Puedes identificar las experiencias que te hayan hecho creer que realmente lo eres? ¿Es así como decidiste vivir tu vida adulta? ¿Te sientes frustrado con tus hijos? ¿Tu jefe te hace sentir frustrado? ¿Eres dado a los golpes? ¿Apoyas la pena de muerte? ¿Te limitas a condenar la conducta de los asesinos sin tener en cuenta el marginamiento que han sufrido? ¿Les echas la culpa a los asesinos y no piensas que las víctimas pudieron haberlos alienado? ¿Es así como elegiste ser? ¿Es así como quieres vivir tu vida? ¿Ojo por ojo y diente por diente?

Como adulto que vives en el planeta Tierra, puedes ser lo que quieras. ¿Podrían haber existido los reyes feudales si sus vasallos no hubieran aceptado su autoridad? ¿Por qué han tenido que pasar miles de años de represión antes de que emergiera el concepto de la autodeterminación y de la reivindicación de los derechos individuales de los pueblos? Esto me recuerda a Gandhi, el gran líder de la India. Hizo que el poderoso Imperio Británico se hincara de rodillas, no combatiendo contra él, sino por medio de la "resistencia pacífica". Se limitó a desobedecer órdenes, no luchó contra ellos y declaró que los amaba.

Pero no estaba dispuesto a aceptar la visión que tenían de su mundo. Quería vivir su vida a su manera, así que lo arrestaron, lo golpearon y trataron de controlarlo. Gandhi dejó que abusaran de su cuerpo, pero no permitió que controlaran su mente y, al final, prevaleció. Los británicos tuvieron que salir de la India y dejar el país en sus manos. Fue así como decidió vivir su vida, sin miedo. La única persona a la que no puede amedrentar un matón es a quien no le teme a los matones.

Estas verdades simples pueden aplicarse a todos los aspectos de la vida. Podemos evitar una gran parte del dolor que sentimos en la vida, simplemente, si nos negamos a verlo como un dolor real. Podemos aceptar simplemente lo que nos da la vida, pero si decidimos seguir adelante con nuestros corazones llenos de amor, Dios se encargará de recompensar nuestra fe. No quiero decir con esto que podamos eliminar el dolor, pero disminuiremos su intensidad y crearemos un Cielo en la Tierra cuando hagamos lo correcto con respecto a nosotros y a nuestros semejantes.

## ¿Cómo arruinamos nuestros milagros?

Regresemos de nuevo al ejemplo de las décadas de los años 50, 60 ó 70, cuando era común que un padre golpeara a su hijo en público. Casi todos los adultos que veían este tipo de actos sentían náuseas. Sabían que se trataba de una conducta inaceptable, pero no sabían nada al respecto. Sin embargo, sus estómagos eran el termómetro de la verdad. Actualmente, son muchas las personas que le hacen caso a su instinto y deciden actuar con sensatez.

Sin embargo, debemos ser realistas. Actuar con sensatez no es reprender al padre equivocado, pues esto sólo produciría la misma conducta reprobable. Algunas personas pueden reprender con suavidad al padre y explicarle que su conducta es inapropiada. Pero, ¿sabes algo? Existe una forma más efectiva. Pregúntate: ¿si soy hijo de la creación de Dios bondadoso y si ellos también lo son y sé que su conducta es "incorrecta", quién más sabrá esto también? Y si esa persona lo sabe y lo siente en sus entrañas, no sería simplemente mejor preguntarle, "¿Por qué estás golpeando a tu hijo?"

Sin importar cuál sea su respuesta, ¿no crees que las preguntas de este tipo les harían comprender que no quieren golpear a sus propios hijos y que no quieren desviarse de la sociedad? ¿No podría esto hacer que fueran conscientes de cómo manejar sus propias frustraciones y cómo quieren interactuar con su hijo amado? ¿No sería ésta la forma más bondadosa de ayudar a tus semejantes? ¿Si todos vivimos de este modo, podremos evitar otro 11 de septiembre?

Veamos de nuevo la causa original. ¿Cómo es que un niño que no está condicionado aún por la "conducta apropiada" puede golpear a otro niño en respuesta a sus frustraciones? Me refiero a un niño que recurre a esta conducta antes de que le enseñemos que es censurable golpear a otra persona. ¿No será porque hemos destruido su voluntad? ¿No será porque no consigue lo que quiere? Seguramente, alguien ha interferido con lo que quiere y, entonces, se enfurece y golpea a otra persona debido a su frustración de no saber qué hacer para hacer las cosas bien. ¿Y crees que es así como conseguirá lo que quiere?

Digamos que un niño toma el juguete de otro y éste quiere que se lo devuelva, y en respuesta a la rabia que siente, golpea a quien tomó su juguete. Misión cumplida, ya todo está solucionado, ¿verdad? Sin embargo, es probable que el otro niño le responda con golpes y se lleve el juguete. ¿No es así el mundo adulto en el que vivimos? ¿Es así como queremos ser? ¿Existe otra forma que sea tal vez mejor? Les decimos a nuestros hijos que golpear a otro niño y tomar sus juguetes es inaceptable, pero acto seguido les hablamos de "compartir", ¿verdad? ¿Qué clase de mundo sería éste si los adultos les enseñáramos el principio de compartir la comida que hay en el mundo, los recursos mundiales y la tierra? ¿Podríamos eliminar la guerra? ¿Acaso la guerra no es "golpear" para tomar lo que se quiere? ¿Existe una alternativa mejor?

"Por lo tanto, no estéis ansiosos... tu Padre celestial sabe que lo necesitas... y todas esas cosas serán tuyas también", nos dijo Jesús.

## ¿Qué podemos "hacer"?

¿Qué podemos hacer? Nada a favor de lo que deseamos, pues al desearlo y al hacer algo para que así suceda, evitaremos que suceda. Es como si el hecho de perseguir un resultado específico significara reconocer que hay otros resultados posibles. Pero si puedes, eleva tu conciencia al nivel de saber por anticipado que Dios te concederá todos los milagros que desees, siempre y cuando no los esperes, y entonces los recibirás. La anticipación es como la esperanza: es un estado de no tener seguridad. Nos invade la duda y acabamos echando todo por tierra. ¡No podemos entrometernos en los asuntos de Dios!

## ¿Cómo arruinamos nuestros milagros?

No puedes "hacer" lo que quieres. Sólo puedes "ser" lo que quieres, pues no eres un "hacer humano", sino un "ser humano". Cuando haces las cosas para conseguir lo que quieres, estás aceptando que lo has conseguido.

Cuando aceptas que ya has hecho esos milagros que deseas en tu vida, reconoces que ya están ahí, bien sea que los puedas ver o no.

Cuando afirmas que algo es (en otras palabras, que es cierto) sin importar las apariencias exteriores, Dios no tiene otra alternativa que darte lo que has afirmado.

¿Recuerdas cuando el oncólogo de mi padre dijo que su muerte era inminente y yo afirmé que lo contrario era cierto? Afirmé al médico, al personal del hospital y al universo: "Mi padre ya se ha curado". Luego, alejé esto de mi mente y, claro, mi padre se curó. Antes que preocuparse, tenían que haber aceptado que mi afirmación era cierta y que ya era un trato hecho.

No tuve que pedírselo de nuevo a Dios, pues el hecho mismo de pedirle por segunda vez hubiera demostrado que yo no había creído la primera vez. Si persigo un milagro en particular, nunca lo conseguiré. El acto de perseguir supone anticipación. Cuando buscas algo, aceptas que no ha sucedido aún, así que no puede suceder nunca. Lo que funciona es saber en tu corazón que lo que deseas ya es un trato hecho, y no te sorprendes cuando se manifiesta, bien sea a los cinco minutos o en un año. Estarás calmado e imperturbable, mientras que los demás podrán saltar en señal de júbilo porque ha ocurrido un milagro.

¿Cómo puedes ser en vez de hacer? Aceptando por anticipado que tu milagro ya ha ocurrido, no importa si ves o no una evidencia exterior. No debes estar ansioso si ves a todas luces la manifestación, pues sabes que ya se ha realizado. Eso es lo que Dios me demostró con los tres meses y tres semanas de comidas gratuitas.

Así que cuando el médico dijo que mi padre estaba a un paso de la muerte, manifesté mi verdad: "¡Mi padre se ha curado!" Y así fue. No vimos ninguna evidencia de la cura aquel día, ni al siguiente. El milagro se manifestó un año después y, como recordarán, no me sorprendió. No fue algo nuevo para mí. Durante todo el año, supe que se estaba manifestando.

## ¿Y qué si no podemos esperar?

Lo único que podemos hacer es creer, y creer es confiar en Dios. Confiar en que Dios hará lo que sea que necesitemos y lo que le hemos pedido en nuestra plegaria, y saber que Dios no necesita nada de nosotros. No es aconsejable observar, porque no lo "dejaremos", cuando debemos "dejarlo". Esa es nuestra labor. Decir "gracias" y fijar nuestra atención en otra cosa. Debemos apartar el milagro de nuestra mente.

Nadie está diciendo que sea fácil. De hecho, es una de las cosas más difíciles de hacer. Y es difícil porque el resultado esperado es importante para ti, así que tienes que hacer que sea irrelevante. Si te concentras en que Dios tiene el asunto en sus manos, entonces, habrás dejado ese asunto atrás y no tendrás nada en qué pensar. El asunto se ha resuelto a tu favor, sólo porque has creído que así es.

En tiempos difíciles, yo también me pierdo y olvido estas lecciones. Me preocupo y me intranquilizo, pero luego me acuerdo. Se supone que debo olvidarlo. Me río de mí mismo por haber sido tan tonto como para desgastarme por algo que no podía controlar. Pienso en los días, en las semanas y en los años en que luché con el problema y procuré solucionarlo por mis propios medios, y me avergüenzo de haber perdido la fe y haber olvidado las lecciones.

## Los peligros de la bondad y el amor

### LA BONDAD

Citaré un caso sumamente delicado a manera de ejemplo. Digamos que tienes hijos y que realmente los amas. Como los quieres tanto y sólo deseas lo mejor para ellos, es probable que decidas tomar medidas en caso de que no puedas controlar el futuro. Podrías tratar de "dirigir" a tus hijos para asegurarte de que conseguirán todo lo que quieres para ellos.

Esa "dirección" puede expresarse (en tu mente) como "orientación". Sin embargo, tus hijos podrían pensar que intentas manejarlos como quieres o que tratas de vivir de nuevo tu vida en la de ellos. Peor aún, aunque te sientes motivado al tratar de ayudarles, lo que realmente haces es demostrar que no crees que puedan valerse por sí mismos o, peor incluso, demuestras una falta de confianza en que tus hijos hagan lo correcto por sus propios medios.

El resultado de toda esta orientación es que despojas a tus hijos del respeto y la confianza en ellos mismos. Ningún ser humano puede mantener este tipo de control durante mucho tiempo y antes de darte cuenta, se rebelarán contra todas tus buenas intenciones y comenzarán a hacer exactamente lo opuesto a lo que querías que hicieran.

Esto hará que te sientas frustrado, e intentarás con más ahínco que te obedezcan "por su propio bien". Lógicamente, esto hará que se alejen en la dirección opuesta, y tu frustración desembocará en ira.

Interrumpamos esta historia para entender qué es la ira. Cuando nos enfadamos, pensamos que estamos enfadados con la persona que nos ha despertado este sentimiento. Tal parece que no conseguimos que esa persona haga las cosas como nosotros queremos. Pero la verdad es que nunca nos enfadamos con esa persona, sino con nosotros mismos. Nos enfadamos porque parece que no podemos encontrar la forma de lograr lo que queremos con la otra persona y eso nos produce frustración. Pensamos que nuestra causa es justa, que nuestro método es razonable y que nuestras razones son nobles. Pero pareciera que no podemos encontrar la clave para lograr nuestro objetivo y, entonces, nos enfadamos y podemos gritarle a esa persona por no colaborar con nosotros o, incluso darle golpes debido a nuestra frustración. Pero, ¿sabes algo? Nunca nos enfadamos por culpa de la otra persona, sino por nosotros. Nos enojamos mucho con nosotros por nuestra incapacidad para lograr lo que queremos.

¿Y cuál es entonces la forma de alcanzar nuestras metas? ¿Cómo podemos hacer que los demás —por ejemplo, nuestros hijos en el ejemplo anterior— hagan lo que sabemos que es lo mejor para ellos? ¡Es muy fácil! Sólo hay que recordar que este es el planeta al revés. La bondad es la culpable. La bondad es "la mala de la película". Cuando nos importa algo o alguien, intentamos y forzamos nuestras intenciones. El hecho de que nos importe no es bueno sino malo, pues demuestra una falta de fe en la otra cosa o en el otro ser humano. Como diría mi amigo Joe: "Piensa en ello". Si esperamos que nuestros hijos diferencien de manera intrínseca la conducta correcta de la incorrecta, ¿no nos sentiremos inclinados a dirigir su conducta? ¿Por qué no crees por anticipado en tus hijos? Después de todo, tienen buenos genes, pues salieron de tu propio cuerpo.

¿Cómo hacen los niños para distinguir entre el bien y el mal, entre la conducta aceptable y la inaceptable? Te diré cómo: viendo a sus padres ¡y punto! Si eres un padre autoritario, sé que tus padres también lo fueron y puedo pronosticar que tus hijos también repetirán ese patrón y maltratarán también a sus hijos, ¿verdad?

La vida es tan simple cuando te das cuenta de que todo en la vida es al revés. Por consiguiente, lo único que tenemos que hacer es revertir el proceso y todo saldrá bien.

El proceso es el siguiente: (1) Comienza por creer en tus hijos y espera siempre que harán lo mejor posible. (2) Sé un ejemplo para tus hijos, y no la voz de la autoridad. Vive tu vida lo mejor que puedas, no bebas hasta perder la razón, no te enfades ni abuses de tus seres queridos, no te sientas frustrado cuando las cosas no salgan como quieres; sé paciente y todo saldrá como les has indicado a tus hijos cuando no te "importa" ni tratas de endilgarles tus opiniones, pues crees que los niños hacen lo que viven (lo que experimentan) y no lo que les dicen.

(3) Entiende que tus hijos llegaron a este mundo sin saber nada, y que fuiste el modelo que ellos siguieron para saber cómo actuar, comportarse, controlar sus frustraciones, en qué creer, etcétera, y que no van a hacerlo correctamente la primera vez ni la segunda y quizá ni la tercera vez que pongan a prueba sus sentimientos, emociones, percepciones, etcétera. Después de todo, están aprendiendo. Pero mientras más demuestres fe, amor, creencia en Dios y en ellos, ¡más rápido aprenderán las habilidades que les asegurará el éxito cuando sean adultos!

Lo primero que les dije a mis hijos fue, "no me importa la nota que obtengan en la escuela, sino que traten de dar lo mejor de sí". Y en realidad, sus notas no tenían importancia para mí. Lo que más me interesaba era (a) eliminar la presión externa que sufrían para que su experiencia escolar fuera agradable, y (b) hacerles saber que estaban "seguros" en casa. Yo sabía que el mundo exterior los trataría con rudeza.

Los chicos pueden ser malos, los profesores pueden ser injustos, los empleadores pueden ser muy egoístas. Así que el "hogar" era su refugio seguro, en donde no serían "juzgados". Yo sabía por instinto que si se sentían seguros, felices y aceptados en casa, podrían enfrentar cualquier problema que la vida les ofreciera. Pero sabía también que si veían conflictos en casa, el hogar sería el lugar más inseguro para ellos y les haría mucho daño.

Me siento orgulloso de que a todos mis hijos les haya ido bien en la escuela y hayan obtenido buenas notas, pero eso me tiene sin cuidado. Sin embargo, me da una alegría y una satisfacción enorme ver que son adultos íntegros, bondadosos y amables, y más importante aún, que creen en ellos mismos. Cuando Penny —mi hija menor— me llama para contarme sobre una gran venta que ha hecho y me narra todos los detalles, me lleno de orgullo, porque sé que es capaz de lo que se proponga. No necesitaba mi ayuda; ¡lo único que necesitaba de mí era que yo creyera en ella!

## DESEAR

Desear algo a toda costa también es caer en la misma trampa. Algunas veces, deseamos tanto algo que hacemos lo que sea por conseguirlo. Supongamos que alguien quiere dinero y no habrá nada que lo detenga, pues piensa que lo merece tanto que tiene derecho a matar a alguien y llevarse su dinero.

Llamamos criminales a esta clase de personas. Pero, ¿son seres pervertidos de otros planetas que cayeron misteriosamente al nuestro, o simplemente son seres humanos que tratan de sobrevivir en un mundo que los ha privado de todo? ¿Se sienten tan frustrados y poco amados que necesitan agredir a sus semejantes para sentirse partícipes de algo?

Muchos policías recomendarían entregarle la billetera a un ladrón sin oponer resistencia. Nuestra vida podría estar en peligro; podemos reemplazar la billetera y nuestros documentos, pero no podremos recobrar nuestra vida si recibimos un disparo. Esa es una forma de ver las cosas. Cristo veía las cosas de otro modo, que tenían relación con la acción no defensiva. Aconsejaba que si alguien nos agrede y nos pide que le entreguemos nuestras pertenencias, deberíamos hacerlo; deberíamos incluso quitarnos la camisa y entregársela, porque si amamos realmente a nuestros semejantes como a nosotros mismos, no deberíamos permitir que se vayan con las manos vacías. Al contrario, quisiéramos regalarle nuestra propia camisa.

La acción es la misma pero el resultado es completamente diferente. La situación es la siguiente: el ladrón te pide tu dinero y tú se lo entregas. Si lo haces por miedo, sentirás que has perdido algo, y así será. Pero si se lo das voluntariamente, satisfecho de ayudar a un semejante que trata de sobrevivir, entonces, habrás ganado algo. Habrás obtenido paz mental y una sensación agradable acerca de quién eres y qué has hecho. Por el valor de lo que tenías en la billetera, habrás recibido una gran dosis de sabiduría. Esa ha sido la situación, simplemente, que estás definiendo el "bien" y el "mal" de un modo diferente. No hay nada "correcto" ni "incorrecto", sino la forma en que percibimos estos valores.

En los libros de Neale Donald Walsch, Dios dice que si deseas algo, eso es lo que te dará: la experiencia de desear. Dios no te da lo que tú crees que quieres: te da la experiencia de quererlo. ¿Por qué habría Dios de hacerlo si sabe que lo deseamos tanto? Porque nos promete en Marcos 11,24 que nos dará todo lo que queramos y creamos que recibiremos. Imaginemos a Dios como el genio de una lámpara que nos concede todos nuestros deseos. Dios no tiene alternativas; su respuesta nunca será "no". Dios nos ha prometido que nos dará absolutamente todo lo que creamos que nos va a dar. Si así es (y este libro que tienes en tus manos es una prueba de ello), ¿qué sucede entonces?

¿Qué hace que Dios no pueda o no quiera contravenir las decisiones que tomes sobre tu vida?

Si quieres algo, debes saber entonces que es algo que no tienes y que probablemente no puedes conseguir. Así que decides que Dios te lo dará si quieres conseguirlo, y se lo pides con fervor. Pero como no lo tienes todavía, crees que tus posibilidades de conseguirlo son casi nulas, ¿verdad? Después de todo, Dios lleva miles de años sin hacer un milagro y tú eres tan pequeño e insignificante, que, ¿por qué razón desperdiciaría Dios su tiempo con tus problemas intrascendentes, cuando tiene que resolver muchos problemas más importantes que los tuyos? Además, si Dios fuera a encargarse de ello, ya lo habría hecho, ¿verdad? ¿Es ésta tu forma de pensar cuando le pides algo a Dios? "Por favor, Dios, dame dinero para el próximo alquiler. No tengo un centavo y quiero tener algo. Te prometo que seré bueno. Si quieres, procuraré ser amable con la bruja de al lado. Sé que he pecado mucho y que no merezco tu ayuda pero, por favor, te ruego que me des el dinero, pues lo quiero a toda costa". ¿Es así como pides?

Dios responde a esa plegaria. Dios te da lo que esperas, es decir, el dinero para pagar el próximo mes.

"Y bien, ¿cómo se supone que funciona este milagro?", te preguntarás. Si lo que quieres es un milagro, ¿qué tal si le pides a Dios que te deje el dinero en tu buzón? De este modo, no tendrás que hacer nada ni preocuparte en cómo hará para dejarlo allí.

¿Decides entonces no hacer nada? Esto no tiene ningún sentido en la vida práctica, ¿verdad? "No puedo hacer nada para conseguir lo que quiero". Claro que sí puedes. Tú puedes: (1) pedirle a Dios en oración; (2) creer que Dios responde y responderá tu oración; y (3) seguir con tu vida y olvidar lo que pediste, pues de lo contrario le estarías diciendo a Dios y a ti mismo que no te lo conceda.

Eso es pedir mucho, ¿verdad? Se necesita mucha fe y, por supuesto, tú no tienes fe. Puedes vivir tu vida como si Dios no fuera parte de ella, pero no recibirás el milagro que deseas. Puedes tratar de encargarte de tus cosas y querer una mejor vida, y no lograrlo; no hay problema, pues así es como has vivido tu vida. Estás acostumbrado a no obtener lo que deseas con el corazón. Estás acostumbrado a pelear con tus propios medios. Sigue así y pasarás toda tu vida preocupándote y esforzándote por sobrevivir hasta que seas un amargado con la vida y con el mundo y llegues quizá a odiar a Dios por hacer que tu vida sea tan miserable.

Puedes hacer esto; es lo más fácil. Pero si una de tus metas es encontrar la forma de que las cosas salgan como a ti te gusta, ¿qué pierdes con darle una oportunidad a Dios?

No es algo fácil de aprender ni de poner en práctica, pero si puedes indagar en ti y encontrar el manantial de la fe en el Todopoderoso y enseñarte a ti mismo a confiar en Dios hasta el punto de que puedas decir "Gracias", antes de ver el milagro y olvidarte de él, abandonar tus deseos y dejarlos en manos de Dios, adivina qué pasará. Caerá en tus brazos.

Puedo oír tus objeciones: "Me temo que no podré creer en eso". Y realmente estarías hablando con absoluta sinceridad, pues cuando dices "temo", es totalmente cierto. El miedo te impide creer en un Dios completamente bondadoso y generoso. Ten en cuenta que no me he referido a un Dios "perdonador", sino a un Dios generoso. Lee la Biblia, el Corán o la Torá con más cuidado. Dios no "perdona", pues según su percepción, todos somos hijos suyos y nos ama incondicionalmente. Dios no nos juzga a menos que así lo hagamos nosotros. El "amor incondicional" significa precisamente eso; es un amor que nos da sin condiciones ni críticas.

Cuando yo era niño, pensaba que Dios debía de ser producto de la imaginación del hombre. ¿Cómo un Dios bondadoso permitiría que hubiera tantos problemas en el mundo? Inventar una figura poderosa y semejante a Dios era la forma que tenía la humanidad de silbar en la oscuridad para hacer que las bestias entraran por la puerta de la caverna. Después de toda una vida y de muchas experiencias extraordinarias, comprendí que estaba equivocado. Lo cierto es que si existen tantos problemas, es porque nosotros —todos nosotros con nuestros temores— los hemos creado. Y si queremos solucionarlos, tendremos que "subir las escaleras" y pedir ayuda.

Podemos crear un cielo en la Tierra. Podemos hacerlo si creemos que podemos. Y deberíamos empezar, preocupándonos por nuestros semejantes, siendo amables con aquellos que no parecen merecerlo, dándoles alimentos, proveyéndolos. En el mundo, hay comida para todos, sólo que nuestro sistema de distribución es injusto. ¿Has comido hoy? ¿Te ha sobrado algo para dárselo a alguien que tenga hambre? Sí, sería bueno que además de tu nuevo computador, tuvieras también acceso rápido a Internet. Pero si tienes comida, qué crees que es mejor: ¿gastar el dinero que te sobra en un módem para acceso rápido, o darle dos dólares a un niño hambriento en Norteamérica o en cualquier otro lugar?

He escuchado que podríamos eliminar las guerras del planeta si todas las personas pudieran acostarse sin hambre. Esto suena como obtener mucho a cambio de poco, ¿verdad? Pienso en los milagros que he recibido y advierto que siempre me he olvidado de ellos y se los he dejado a Dios. Cuando le dije al médico que mi padre se había curado, no tuve la menor duda. Nunca pensé en ello ni me pregunté si sucedería o no. Para mí, era algo que ya se había realizado, pues no había otra alternativa aceptable. Sabía que mi padre se había curado en aquel momento, sin importar que pudiéramos ver o no cualquier evidencia de su cura.

Seguí con mi vida y nunca volví a pensar en su enfermedad. Cuando lo llevamos a que le hicieran las radiaciones, jamás se me ocurrió que nos estuviéramos adelantando al milagro. Yo bromeaba incluso con los médicos y nunca creí que las radiaciones tuvieran ningún efecto en su salud. Lo único que hicimos fue seguir todos los pasos para ayudarle a mitigar su dolor y cumplir con las órdenes del médico. No veía ninguna necesidad de preguntarle cómo se sentía, ni pedirle al médico que le tomara una radiografía para comprobar que el milagro había ocurrido. Si los médicos le hubieran tomado radiografías, no me habría importado que mostraran si había cáncer o no; yo no necesitaba ningún consuelo.

Hubo ocasiones en las que yo deseaba algo con tanta vehemencia que no me abstraía de ello. Mi compañía de *software* estaba fracasando y yo deseaba a toda costa que saliera adelante. Corría el riesgo de perder mi casa, tanto que yo vivía preocupado por esto. Y aunque sabía cómo obtener milagros, me fallé a mí mismo. Si no recibimos los milagros que pedimos, tendemos a creer que Dios nos ha fallado. Pero como Dios es infalible y nosotros creemos que somos falibles, somos nosotros quienes no mantenemos la fe y, por lo tanto, los que arruinamos nuestros milagros.

Le pedí a Dios que me ayudara a salvar mi casa. Creí que había hecho lo correcto. Llevaba años sin pagar las cuotas mensuales. La compañía hipotecaria hizo todo lo posible por quitarme mi casa: comenzaron el proceso de expropiación y elevaron la tasa de interés de 8.5 al 20 por ciento. Yo hacía todo lo posible por cumplir con los pagos mensuales. Como mi historia crediticia era muy buena, me ofrecieron una nueva hipoteca con intereses del once por ciento. Me parecieron razonables, firmé los documentos y los envié. Parecía que mi plegaria había sido atendida.

Esperé y esperé, pero las cuentas de la hipoteca seguían llegando con altas tasas de interés. Dejé de pagar porque no tenía dinero. Empecé a preocuparme, pues no sabía qué había sucedido con las nuevas tasas de interés. Seis meses después, recibí una carta de la compañía en la que me decían que no aceptarían las nuevas tasas. Parecía que el vicepresidente de esa compañía era quien había aceptado las tasas en mención, pero el presidente lo despidió y rescindió el acuerdo.

Dejé de pedir ayuda divina y demandé penalmente a esta compañía. El juez falló en mi contra y me ordenó pagar las cuotas vencidas con las nuevas tasas de interés, si no quería perder mi casa.

Quedé atónito. Seguí rezando para no perderla, busqué señales del milagro que había pedido y cuando no vi ninguna, me pregunté por qué. No me di cuenta de que era yo quien había arruinado el milagro.

La compañía ganó el caso y fui desalojado. Y, entonces, comprendí algo: había vivido cuatro años en mi casa antes de ser desalojado, y si ahora me preguntara por qué pude vivir dos años y medio más después del límite establecido por la ley, lo único que podría decir es que Dios demoró el proceso hasta que yo pudiera perfeccionar mi fe. Pero a pesar de esto, le fallé a Dios y a mí mismo.

Estaba al lado del teléfono, pensando qué podría hacer para evitar el desalojo y comprendí que el proceso no podría durar para siempre. Le dije a Dios: "No sé cuanto tiempo pueda resistir. Seguramente, perderé la casa". Y una vez dije esto, me llamaron para decirme que me daban una semana para irme; de lo contrario, la policía me sacaría por la fuerza.

Recordé con amargura este acontecimiento durante varios años, y me pregunté por qué Dios me había fallado. Supuse que se trataba de una lección de fe que yo tenía que aprender con mis experiencias: tenía razón. Y una vez que el tiempo y la distancia se encargaron de curar la herida, comprendí que Dios no me había fallado. Era yo quien le había fallado al no conservar la fe. Creo que la lección que me brindó esta experiencia fue un ejemplo que compartiré contigo y que ilustra los "trucos" para obtener un milagro.

# 15

# El truco para recibir un milagro

Si existe un truco para conseguir un milagro, es éste: siempre que intento actuar con lógica para que se cumplan mis deseos, termino fracasando. Siempre que me olvido de él, actúo sin lógica y se lo dejo a Dios, lo recibo. Cada vez que hacemos algo, perdemos. Cada vez que no hacemos nada para ayudarnos, sino que se lo dejamos a Dios —en quien confiamos—, lo conseguimos.

Aunque llevo veinte años en esto de los milagros y dejé de contarlos cuando llevaba seiscientos, aún estoy aprendiendo cómo funcionan. Recientemente, experimenté una nueva clase de milagros que llamo "milagros inesperados". Mis milagros siempre han ocurrido como respuesta a una oración de agradecimiento por una necesidad o un resultado específico. Sin embargo, Dios dice: "Yo te habré respondido incluso antes de que me pidas".

Mi vida era difícil. Mi empresa de *software* fracasó. Perdí mi casa y mi auto. Estaba ahogado en deudas y no sabía cómo conseguir la próxima comida. Sin embargo, seguí como si todo estuviera bien. Me mudé a un apartamento y un amigo me sirvió como fiador. Me quedaba un auto destartalado de diecisiete años de antigüedad, y confié en que Dios viera por mí.

Yo me entendía con Dios. Le decía lo que necesitaba y le agradecía por anticipado. Dios sabe que las alternativas son: (1) Dios me proveerá, o (2) Dios me devolverá mi casa. Dios sabe que yo acepto cualquiera de estas dos opciones. A fin de cuentas, es el llamado de Dios, quien hasta ahora ha decidido mantenerme con vida en mis altibajos actuales.

Una vez, fui a una agencia de autos y pedí trabajar como vendedor por comisión. Dijeron que me aceptarían, aunque no estaban buscando vendedores. Vendí un auto al día, lo cual estaba a la altura de los mejores vendedores. Al comienzo, mi jefe me dijo que yo era la persona más afortunada que había conocido pero, pocas semanas después, dijo que yo era el mejor vendedor que había conocido. Un día, llegó un cliente bastante rudo y antipático; dijo que no conversaría con ningún vendedor, pues todos los vendedores anteriores habían sido groseros y maleducados con él. Le pedí que me diera la oportunidad de atenderlo, y aceptó. Quería comprar un auto usado de modelo reciente por muy poco dinero. Le dije que trataría de hacer lo que estuviera a mi alcance.

Cuando regresé a la sala de exhibición, mi jefe me dijo: "Nunca le venderás nada a ese cliente. Lo han atendido todos los vendedores de aquí. Sólo le gusta mirar, nunca comprará nada". Todos los vendedores se rieron de mí.

Negocié una semana con él. Le sugerí que comprara un auto un poco más antiguo, y aumentó un poco la suma que estaba dispuesto a pagar, así que llegamos a un acuerdo. Se fue feliz en su auto. "Gracias por haber estado tan dispuesto a ayudarme", me dijo.

Ese día, el director de ventas dejó de decirme que yo tenía mucho por aprender y me preguntó qué clase de magia utilizaba.

Lo que no sabía, y lo que me pareció difícil de explicarle es que no era nada mío. Era Dios, que obraba milagros en mi vida, así como yo se lo había pedido. Pasarle a Dios la responsabilidad de mis ventas me dejaba en libertad para ayudarles a todos mis clientes sin tener que preocuparme por hacer una venta. Tenía, por ejemplo, dos clientes cuyo historial crediticio era tan malo que era muy improbable que les concedieran un préstamo, pero Dios apareció y les aprobaron el préstamo.

Luego, recibí un milagro inesperado.

Una pariente lejana me envió un correo electrónico. "Dios me despertó a medianoche y me dio un mensaje para ti. Me dijo que te enviara cinco mil dólares, no como un préstamo, sino como un regalo, así que hoy te enviaré el cheque por correo".

La llamé y me negué; le dije que no necesitaba el dinero, y que aunque era cierto que vivía al ras, sin saber cómo ganarme el próximo centavo, Dios me proveería y de algún modo conseguiría el dinero que necesitaba. Mi pariente se rio y me respondió: "Este dinero no es mío, es de Dios. Me dio un dinero que no necesito y me dijo que te lo entregara, creo que debe saber para qué lo necesitas".

No podía discutir contra ese tipo de lógica, así que le agradecí. No logré saber en qué quería Dios que empleara yo semejante suma. Casualmente, poco después, me quedé sin empleo, pues las ventas de autos se redujeron a la mitad y no estaba ganando lo suficiente. ¡Gracias, Dios, por ese dinero imprevisto!

## A quién rezar

Muchas personas, los cristianos por ejemplo, le rezan a Jesús para que satisfaga sus necesidades. ¿Hay algo malo en esto? A fin de cuentas, los milagros provienen de Dios, ¿verdad? Creo que Dios no discrimina, y que no favorece a algunos (los cristianos) sobre los demás. Así que es muy recomendable rezarle a Dios por medio o en nombre de Jesús. De hecho, Jesús dice que todos podemos acudir y pedirle milagros a Dios. Pero Jesús dice que (estoy parafraseando): "Si concluyes que no puedes acudir a Dios porque te parece demasiado imponente, bien puedes rezarme a mí, y yo llevaré tu plegaria a mi Padre".

Jesús dijo: "Si dos o más personas se reúnen en mi nombre..." el milagro que has pedido ocurrirá más rápido y sin obstáculos. He visto esto en la práctica. Cuando un grupo de personas se reúnen y le piden un milagro a Dios, lo recibirán con una facilidad sorprendente. La historia de la pareja que no tenía un centavo y que pudo comprar su casa es un buen ejemplo. Lo que Jesús quiere decir con "en mi nombre" es que cuando varias personas se concentran en el mismo milagro, creyendo del mismo modo y agradeciéndole el milagro a Dios por anticipado, lo recibirás con rapidez y sin tropiezos. Recuerda que cuando hablamos de un milagro, estamos hablando de lo "imposible". No estamos hablando de la consecuencia de la progresión lógica de actos humanos, sino de la cura de un cáncer o de alguna otra imposibilidad, es decir, de algo imposible de alcanzar con la lógica o el esfuerzo humanos.

Los milagros son los regalos que todos los días nos da Dios. Eso es lo que Dios hace todo el día a miles de millones de personas, y es lo que Dios quiere hacer. Es su "trabajo". El número de milagros que puedes pedirle es ilimitado. De hecho, Dios preferiría que estuviéramos todos los días en comunión, durante todo el día. Dios quiere poner nuestra fe en Él y que contemos con Él para que nos provea. Dios no quiere que hagamos las cosas solos, sino que acudamos a Él para satisfacer todas nuestras necesidades. No podemos interferir, y es ahí donde se equivocan los seres humanos y algunas religiones que apelan a la fe. No sólo parecen querer hacer las cosas por sí mismos, sino que pretenden decirle a Dios cómo hacerlo, y esa es su perdición. Cuando dejas algo en manos de Dios, tienes que dejárselo a Él y apartarte del camino.

No es fácil, pues si lo fuera, los milagros no serían necesarios. Citaré una analogía sobre su funcionamiento:

Regresemos a la historia del autobús. Imagínate que vas conduciendo un autobús, bajando por una montaña llena de curvas. El autobús eres "tú", y la carretera llena de curvas es "tu vida". Ahora, para estar al lado de Dios con tu vida, tienes que retirar las manos del volante y decir: "Está bien, Dios, conduce Tú". Luego, confías en que así lo hará. Es algo absurdo, ¿verdad? Tú sabes que si sueltas el volante, el autobús rodará por el precipicio y seguramente morirás. Se necesitaría una fe enorme en Dios para retirar tus manos del volante de tu vida y permitir que Dios tome el control y conduzca por las curvas. Esto desafiaría toda lógica, ¿verdad? ¿No se supone que debemos asumir nuestra propia responsabilidad? ¿No es ésta la libertad de elección?

Creo que no. Para mí, libertad de elección significa que tenemos la libertad de escoger una vida, creyendo o no en Dios. La opción del "o no" sólo supone riesgos para nosotros. No es fácil retirar las manos del volante de la responsabilidad de tu propia vida pero, ¿estás haciendo un buen trabajo con tus manos? Puedo asegurarte esto: si no crees en Dios en un cien por ciento, no retires tus manos del "volante" de tu vida, porque seguramente rodarás por el "precipicio" de los problemas. Sólo aquellos que creen genuinamente pueden ser lo suficientemente temerarios como para soltar el volante, pues saben, por anticipado, que todo saldrá bien. Como dijo Jesús: "Porque ellos serán llamados los hijos de Dios".

# 16

## ¿Elección de Dios, o nuestra?

Cuando mi hija quedó paralizada, rezaba de una forma diferente a la mía. Decía: "Padre, acepto lo que decidas sobre mi parálisis. Puedes curarme o no; confío en Ti. Que se haga tu voluntad en la Tierra como en el Cielo, amén".

Yo por mi parte le pedí a Dios que curara a mi hija. La diferencia está en que he concluido que ella es mucho más sabia que yo. Ella creía ciegamente en Dios y en su amor hacia ella. Sospecho que sabía que Dios no la defraudaría. Pero sé que ella realmente creía cuando le decía a Dios que el hecho de que ella quedara paralizada o no dependía de su voluntad, y que ella supondría que Dios tenía designios más grandes y mejores con respecto a su vida de lo que ella podía percibir y que se esforzaría en cumplir sus designios, porque vivía su vida al servicio de Dios.

¿Cómo podemos ser coherentes con nuestra forma de orar? Si le digo a Dios cuáles son los milagros que quiero que me haga, ¿será porque tengo un miedo innato a que no haga lo más conveniente para mí? ¿No debería acaso confiar en su sabiduría para hacer lo más conveniente para mí?

Describiré un ejemplo de cómo le digo a Dios qué hacer por mí, y qué tan limitada puede ser mi visión de lo que es mejor para mí.

## Los últimos cinco dólares

La segunda vez que estuve a punto de perder mi casa, y también cuando estaba tratando de comenzar mi compañía de software (el mismo día que dejé de trabajar como administrador del centro comercial), Dios me envió a un amigo que me consiguió un programador. Pero el programa que yo necesitaba era de gran envergadura. Desarrollarlo podría tardar meses o incluso años, y no había ninguna seguridad de que lo lográramos. Necesitaba lo último en tecnología, pero en aquella época las computadoras eran limitadas y nos estábamos extralimitando en nuestras posibilidades.

Mi programador dijo que era una tarea descomunal, pero decidió emprenderla, suponiendo que las respuestas aflorarían a medida que trabajara. Me gustó su actitud, que hablaba mucho de su fe. Me dijo que se tardaría al menos unos meses. Eso no me preocupó, pues aunque estaba arruinado, nunca creí que mi dinero fuera mío. No importaba lo mucho que ganara, ya que sólo me alcanzaba para pagar las cuentas y satisfacer las necesidades básicas de mis hijos. Casi nunca había podido ahorrar nada, y siempre me sentía como el intermediario entre el dinero que me llegaba y las personas que se quedaban con él.

No tenía dinero para vivir pero, afortunadamente, me habían despedido del trabajo en septiembre, y el año fiscal de la Marina comenzaba el primero de octubre. Los reservistas teníamos que trabajar dos semanas al año, y yo ya podía hacerlo de nuevo. Me senté en el sofá y miré al techo. "Oye, Grandote, necesito empleo en la Fuerza Naval. Consígueme uno, por favor". Dije esto confiando plenamente en que Dios me proveería hasta que mi programa de software estuviera listo.

Retrocedamos un momento. Algunos podrán decir que yo estaba limitando a Dios en lo que podía hacer por mí, pues le estaba "dictando" que la solución era un empleo en la Fuerza Naval. Podrían tener razón; sin embargo, yo podría haber dicho simplemente: "Por favor, dame alimentos hasta que vuelva a ganar dinero". Dios hubiera hecho eso por mí. Pero para mí, tener fe en esto fue una experiencia transformadora. Como dice Indiana Jones, yo estaba "arreglándomelas como podía".

Sonó el teléfono. Llamaban del comando naval porque necesitaban un oficial de asuntos públicos de manera inmediata. Casi todos los oficiales tienen trabajos civiles y no pueden abandonarlos de un momento a otro. Yo era la décima persona a quien llamaban y querían saber si podía comenzar al día siguiente. Ésta es una situación poco común. Generalmente, los comandantes publican el aviso de trabajo para reservistas con muchas semanas o meses de anticipación. Después, el aspirante debe llenar unos requisitos y esperar la calificación; todo el proceso se demora más o menos dos meses. Pero, en ocasiones, cuando el comandante está desesperado, no espera esos dos meses. Eso fue lo que pasó conmigo, así que acepté de inmediato.

Las buenas noticias eran que la Marina me daría vivienda y alimentación durante dos semanas, y que ganaría lo suficiente para subsistir otras dos, así que recibí un mes de provisiones milagrosamente.

Regresé a casa, sobreviví dos semanas con el dinero ganado y quedé en la misma situación del mes anterior. El programador avanzaba lentamente. Miré de nuevo al techo y dije: "¿Y ahora qué? ¿Podrías conseguirme otro trabajo en la Marina?" Una hora después, sonó el teléfono. Me llamaban para otro trabajo de última hora. Al día siguiente, estaba viajando de nuevo y maravillándome de mi buena fortuna. La Marina tenía una regla y era que los reservistas sólo podían realizar un trabajo al año, aunque podrían realizar dos si la institución lo considerara necesario.

Debí vislumbrar el panorama completo, es decir, que Dios había planeado esto para mí, pero no atiné a hacerlo. Dios no quería que yo fracasara y sabía que yo estaba confiando en que resolviera mi problema. Debí haber comprendido que no importaba si me daba dinero mensual o anualmente para comer. Debí haber entendido que lo recibiría de una forma o de otra, pues se lo había dejado a Dios.

Regresé a casa, me gasté el dinero y a comienzos de diciembre ya estaba sin un centavo. El cinco de diciembre, abrí el refrigerador para preparar la cena y vi que estaba vacía. Miré mi billetera para ver cuánto tenía: cinco dólares. Me senté en el sofá a meditar en esto. El programador me llamó para decirme que estaba atascado y que no sabía qué hacer. Me dijo que tenía un amigo que sabía mucho más que él, y que estaba pensando en hablarle de mi proyecto, aunque seguramente pediría la mitad de las acciones, y acepté.

Sin embargo, pensé: "Otra demora más, y no podré subsistir hasta que acepte, esto para no hablar de los meses que faltan para que esté listo el programa". (¿Ven qué tan poca fe puedo tener la mayoría de las veces?)

Algunas veces, las necesidades pueden ser tan apremiantes e inmediatas que nos asustamos por el desenlace y nos olvidamos de la presencia constante que Dios tiene en nuestras vidas. Una vez vi el contenido de mi billetera, suspiré y dije: "Está bien, Dios. Me rindo. Tal parece que no tendré nada qué comer esta noche ni mañana, ni tal vez nunca más. Así te pidiera un empleo, tardaría una o dos semanas en obtenerlo, y sólo recibiría el primer cheque por lo menos dos semanas después de empezar. Creo que esto no va a suceder, así que Tú verás cómo me alimentas, ya que yo no puedo, y si no lo consigo, moriré. Ya estoy cansado de esta lucha continua para mantener mi hogar y hacer que todo siga funcionando. Si quieres alimentarme, está bien, y si no, también". Yo hablaba en serio; realmente, me estaba rindiendo. No lo hacía con el fin de "rendirme para lograrlo"; estaba cansado, quitándome la responsabilidad de encima y pasándosela a Dios.

Escasamente, me había olvidado de esto cuando sonó el teléfono. Era Russ, mi ex socio de la revista. "William, no vas a creer esto. Acabo de recibir una llamada de la compañía que nos compró la revista. ¿Recuerdas que quedamos en que nos pagarían suficiente dinero en efectivo como para pagar todas nuestras deudas?

"Claro que me acuerdo. Eso fue hace tres años", respondí.

"Bueno. Acaban de pagarnos y te tengo un cheque por cinco mil dólares. ¡Durante los próximos tres años te enviaré un cheque mensual por esa suma!"

Cerré los ojos y dije "Gracias", en silencio. Sentí que se me salían las lágrimas. Me sentí tan avergonzado de perder de nuevo la fe en Dios y en sus milagros, de aferrarme a mi problema y no habérselo delegado a Dios hasta el instante en que sonó el teléfono. Cuando colgué, tuve una profunda conversación con Dios. Le pedí disculpas por mis debilidades y temores, por no haber sido capaz de mantener la fe de forma consistente, ni de haberme desprendido de la responsabilidad por mis problemas. Me reprendí por verme en la situación de siempre tener que aprender las mismas lecciones una y otra vez. Le agradecí por socorrerme siempre en los momentos más difíciles y prometí no olvidarme nunca de esto.

Siento decir que, posteriormente, me hundí aún más en mi amargura y tuve que seguir aprendiendo lecciones, y actualmente no puedo decir que no esté exento de sucumbir de nuevo.

Aquí está otro ejemplo de cuánto me enfrascaba en mis problemas, que trataba de entrometerme y "ayudarle" a Dios.

## *"Fui ascendido a comandante a la cuarta oportunidad"*

Cuando comencé mi carrera militar cuarenta años atrás, yo estaba enlistado. Nuestro jefe era un coronel. Su rango me parecía tan alto que no sabía cómo llegar hasta allá, pero me lo propuse como meta. Regresé a la Marina mediante el programa de reserva cuando estaba en la universidad. Obtuve el rango de capitán de corbeta en la Reserva Naval, es decir, dos rangos por debajo de mi meta inicial. Creí que algún día obtendría el rango de capitán, que en la Marina equivale al rango de coronel.

No pude creer que no me ascendieran, pues era el prerrequisito para ser capitán. Pensé en el procedimiento. Cumplía con los requisitos. De hecho, era uno de los más calificados para la promoción. Sin embargo, no me ascendieron. Me di cuenta de que había intentado mantener el control actualizando mi hoja de vida, escribiendo cartas y enviando los documentos necesarios para el proceso de selección. De hecho, yo había hecho todo lo que la Marina sugiere para lograr una buena evaluación, y sin embargo, había fracasado. Le había pedido a Dios el milagro de que me ascendieran, pero no me había desprendido de mi deseo.

Al año siguiente, decidí seguir todos los procedimientos. Recé y le pedí a Dios que me hiciera el milagro del ascenso, pero no podía dejar de preocuparme a medida que el tiempo se acercaba. Concluí que a Dios no le importaría si yo participaba un poco: a fin de cuentas, tenía que enviar una foto actualizada. Sin embargo, pensé: ¿Cómo puede Dios hacerme un milagro si tengo fotos viejas? Y si iba a enviar una foto actualizada, no estaría por demás enviar mis datos actualizados, ¿verdad? (Pueden ver cuán erróneas eran mis conclusiones.)

Me rechazaron por segunda vez y creí que mis posibilidades terminarían ahí. Casi todos los aspirantes tenían dos oportunidades. Pueden considerarte de nuevo si eres elegible, pero seguramente tu archivo estará "enterrado".

Al año siguiente, lo intenté de nuevo y le escribí al Servicio de Selección, pero fui rechazado de nuevo. No podía creer que

Dios me estuviera volviendo la espalda. ¿Cómo iba a ascender a capitán si no podía ser comandante?

Al año siguiente, aún era elegible, pero todo parecía perdido. Sin embargo, sabía que un milagro es un regalo grandioso que se obtiene contra toda lógica y esperanza. Oré y le pedí de nuevo a Dios y esta vez no pensé en ello. No me importó si mi foto estaba actualizada o no, ni si el comité sabía o no de mis logros más recientes. En resumen, nada me importó. Tampoco me preocupé. Decidí olvidarme de esto y despejarle el camino a Dios.

Esa vez fui ascendido.

"Tendré que recordar esta lección", dije orgulloso. Creí que nadie lograría ser ascendido después de tres rechazos.

Pocos meses después, asistí a una reunión de oficiales. No conocía a ninguno; estaba al lado de un grupo, escuchándolos conversar y un oficial dijo: "Fui uno de los integrantes del último comité de selección y me pasó algo curioso. Recibí la carpeta de un oficial que había sido rechazado varias veces, así que pensé que no valdría la pena considerar su caso. Sin embargo, revisé su carpeta y vi que ese oficial de apellido Tucker tenía muchas cualidades, así que le pedí al presidente del comité que lo tuviera en cuenta".

Me alejé sonriendo. Es así cómo Dios hace las cosas; hace posible lo improbable.

Recibí órdenes de hacer un curso militar. Yo iba en un helicóptero al lado del piloto, que también era capitán. Me incliné y le dije, lleno de orgullo: "Me ascendieron a comandante tras intentarlo cuatro veces".

Él me susurró: "A mí también. Pero me rechazaron siete veces antes de ser ascendido". Quedé atónito y le pregunté qué había hecho para que lo ascendieran.

"Se lo pedí a Dios", me dijo con toda naturalidad.

## *Martes negro*

"Martes negro" es el término con el que se denomina a la caída de la bolsa de valores que ocurrió el 29 de octubre de 1929, y que dio lugar a una ola de pánico por las enormes pérdidas del mercado. Muchas empresas cerraron y millones de trabajadores estuvieron desempleados durante varios años. Nosotros también tuvimos nuestro martes negro en nuestra compañía, un día de junio.

Nos llevó mucho tiempo desarrollar el programa de *software* y finalmente se lo dimos a una compañía a manera de prueba. Como todavía estaba en una fase experimental, no podíamos cobrar mucho por él, así que el producto de las ventas casi no nos alcanzaba para cubrir los gastos, tanto así que estábamos a un paso de cerrar. Sin embargo, el software estaba dando unos resultados increíbles. Tal como yo lo había pronosticado, el programa reducía el tiempo que un agente gastaba en mostrarles casas a sus clientes de dos meses a dos días. El *software* procesaba cuatro mil clientes al año, y todos compraban la propiedad seleccionada por el computador en un tiempo promedio de un día y medio.

Lanzamos nuestro negocio y le vendimos el *software* a uno de nuestros clientes por el precio total. No obstante, ese cliente quería que le hiciéramos algunas modificaciones antes de entregárselo. Las modificaciones tardaron varios meses. Mientras los programadores seguían trabajando, llamé a varios bancos para decirles que le ofrecieran el programa a sus clientes de bienes raíces, pero no aceptaron y seguimos perdiendo dinero.

Cuando realizamos todas las modificaciones y me dispuse a entregar el producto, el cliente me dijo que habían cambiado de parecer y que no estaban dispuestos a pagar el precio establecido. La venta se cayó, pues el precio era muy bajo y no podíamos hacer ninguna rebaja adicional. Después, supimos

## ¿Elección de Dios, o nuestra?

que a nuestro cliente también le estaba yendo mal y no tardó en declararse en bancarrota.

Habíamos tardado cinco meses en programar de nuevo el *software* y no teníamos ni un centavo; yo estaba desesperado. Ustedes creerán que yo ya había aprendido las lecciones de los milagros. A fin de cuentas, había vivido experiencias difíciles durante varios años, pero como lo he mencionado, a veces me cuesta mucho mantener la fe. Yo pensaba en Dios todos los días, aunque no como un ser vivo y activo en mi vida, sino como un mero concepto.

Miré al cielo y le pedí a Dios que solucionara nuestro problema y nos salvara de la bancarrota. Me estremecí por tercera vez ante la posibilidad de perder mi casa. Le di gracias a Dios e intenté mantenerme ocupado en algo mientras Dios trabajaba. Varias compañías de bienes raíces estaban interesadas en mi programa, pero ninguna estaba dispuesta a pagarnos todo el valor en una sola cuota, y algunas me dijeron que lo comprarían si lo financiábamos. Resolví pedir una franquicia para recibir tarjetas de crédito, mientras que Dios se ocupaba de lo más importante.

Me di cuenta de que el único banco al que no había ido era al mío. "¡Qué extraño!", pensé. ¿Por qué se me había pasado por alto algo tan obvio? Fui a mi banco y llené la solicitud para recibir tarjetas de crédito. El director de la sucursal me invitó a su oficina. "Lo siento, señor Tucker, pero no podemos satisfacer su petición".

"¿Por qué no?", protesté. Hacía un calor pegajoso e infernal y yo tenía la corbata desanudada y las mangas recogidas. Debía parecer tan desesperado como lo estaba emocionalmente, y me arrepentí de no haberme tomado el tiempo para lucir más profesional.

"Porque su compañía está a un paso de la bancarrota. Sería asumir un gran riesgo de nuestra parte", explicó.

"Pero..." dije vacilante, "no somos nosotros quienes necesitamos que nos aprueben crédito. En última instancia, ustedes les cobrarán a nuestros clientes".

"Sí, pero el vendedor también necesita tener un buen crédito. Lo siento, pero así son las reglas", dijo disculpándose.

Al ver que esta última oportunidad se desvanecía, me levanté dispuesto a marcharme.

"A propósito", me dijo. "¿Ese es tu computador portátil? ¿Tienes el *software* ahí?"

Le respondí que sí.

"¿Puedo verlo?"

Le hice una demostración. "¡Es fantástico!", exclamó. "¿Se lo has mostrado a la división de hipotecas?"

Le dije que aunque se lo había mostrado a casi todos los bancos de la ciudad, se me había pasado por alto ofrecérselo a su banco.

Llamó a un funcionario importante de esa división, y cuando colgó, me dijo: "¿Podrías ir de inmediato? Están muy interesados en tu programa".

El presidente de la división me recibió con mucha amabilidad. Le hice una demostración del programa y el director vio las ventajas que representaba para los agentes de bienes raíces y la gran oportunidad de mercadeo que suponía para el banco. Me dijo que le gustaría que el banco hiciera el mercadeo del producto, pero me advirtió que no podíamos vender el programa, pues arruinaríamos el negocio.

Le dije: "Lo siento, pero creo que tendré que rechazar su oferta. Estamos tan pobres que no podemos dejar pasar un día sin que nos entre algo por la venta del programa".

"¿Cuánto necesitan?", preguntó.

"Con el número de empleados que tenemos, necesitamos diez mil dólares mensuales para mantener la compañía a flote".

"¡Trato hecho!", dijo y ordenó que me entregaran inmediatamente un cheque por diez mil dólares. Salí del banco maravillándome del cheque que tenía en mis manos.

Posteriormente, recibimos una inversión cercana al millón de dólares. Cuando comenzamos la compañía, lo habíamos hecho con el visto bueno y el apoyo de MLS, la empresa propietaria de la base local de datos. Y cuando el banco comenzó a mercadear el programa, los agentes de bienes raíces compraron el programa como pan caliente. La prensa y la televisión local informaron sobre nuestro éxito. Las ventas se estaban disparando, pero el techo se agrietó.

## *Necesitábamos girar bruscamente hacia atrás*

La empresa MLS comenzó a temer que nuestro producto tuviera tanto éxito que pudiera reemplazar algún día al suyo, así que decidieron poner fin a la alianza y a nuestro acceso a su base de datos. Protesté y les dije que estaban violando el acuerdo, pero respondieron que era de carácter verbal y que era difícil de demostrarlo en los tribunales.

De nuevo, nuestra compañía colapsó de la noche a la mañana. Debería haber reconocido este obstáculo como otra oportunidad para conservar la calma y "subir las escaleras" de nuevo. Estábamos derrotados una vez más.

"¿Cómo vas a sacarnos de este lío?", le exigí a Dios.

El banco nos llamó: "Lo sentimos, pero nos retiramos de este negocio. No podemos contravenir a MLS", me dijo el presidente. Había hecho todo lo posible por servir de mediador entre las dos partes en busca de una posible solución, pero no había logrado nada. La MLS no había cedido un ápice, al menos en lo referente a los listados de casas nuevas para la venta. Sin embargo, mostraron una mayor flexibilidad con las casas usadas, así que se le ocurrió una idea.

"Podrías modificar el programa; sería excelente para avaluar casas de forma instantánea. Ese sector está interesado en desarrollar un programa con esas características.

Me estaba ofreciendo una solución. Me gustó trabajar con el presidente desde el primer momento. Tom es uno de los ejecutivos más generosos, amables y piadosos que conozco. Además, teníamos un requisito en nuestra compañía. No contratábamos a nadie que no creyera firmemente en Dios, pues no podíamos permitirnos tener a una persona que no nos dejara recibir milagros. Es ilegal preguntarle a alguien sobre su fe religiosa como requisito laboral, así que no lo hicimos. Es también impropio hablar de religión en asuntos de negocios, así que tampoco lo hicimos. Sin embargo, dada la naturaleza humana y las limitaciones del lenguaje para expresar nuestros pensamientos, es fácil detectar las creencias de una persona.

Empezamos a modificar nuestro programa, pues creíamos que revolucionaría el avalúo de bienes raíces. Nos dimos cuenta de que, una vez el programa se masificara, los avaluadores correrían el riesgo de perder sus empleos. Sabíamos que ellos podían utilizar nuestro programa para aumentar la productividad y reducir los costos, de tal manera que podrían conservar sus empleos. El banco no podía seguir patrocinando los costos de la modificación, pero el presidente comenzó a conseguir otro patrocinador. Finalmente, el futuro comenzaba a despejarse.

## *El milagro de compartir*

Algunos años después, cuando modificamos nuestro programa de *software*, resultó que los avaluadores no podían utilizarlo sin la aprobación de las dos compañías aseguradoras oficiales de vivienda, quienes nos invitaron a que les demostráramos el programa, y lo compararon con más de diez programas que cumplían la misma labor. Los programas de las otras compañías no pasaron el examen, pero el nuestro fue aprobado. Nos preguntaron por qué funcionaba tan bien y con tanta precisión. No respondimos, pues no queríamos revelar nuestros secretos profesionales. Prometieron darnos el respaldo necesario para vender el programa, pero se tardaron mucho en hacerlo. Después de cuatro años de espera, terminaron aceptando que lo que realmente habían hecho durante todo ese tiempo fue tratar de copiar nuestro programa para su propio beneficio, pero que habían fracasado un par de años atrás. Luego, nos propusieron que hiciéramos negocios juntos, pero nada se concretó. Tal parece que descubrieron que mi socio y yo estábamos a un paso de perder nuestras casas y de declararnos en bancarrota, así que decidieron aplazarlo todo. ¡Me imagino lo que estaban esperando!

Sería inadecuado decir que todo esto era infortunado. Pero ¿saben algo? A nosotros no nos importa. Hemos decidido olvidarnos de lograrlo o no. Nuestra actitud consiste en que si nuestros maravillosos productos han de tener éxito, Dios será entonces responsable por ello. Mientras tanto, nos mantenemos ocupados con otras cosas, y no le damos importancia a aquello que no podemos controlar. Ni mis socios ni yo juzgamos a los demás por el curso de los acontecimientos. Simplemente, tratamos de seguir este principio: "No juzgues si no quieres ser juzgado".

## *La clave*

Pasaba mucho tiempo pensando en las cosas que me habían sucedido y que tenían qué ver con mi relación con Dios. ¿Por qué parecían ser tan irregulares y desiguales? A veces, triunfaba; luego, fracasaba; triunfaba de nuevo y volvía a fracasar. ¿Terminaría algún día esta "montaña rusa"? Pensé en mis actos, en mi fe y en todo aquello que pudiera haber hecho para que se presentaran estos cambios tan abruptos. Era reconfortante saber que siempre me salvaba de caer en el abismo, pero ¿por qué siempre estaba a un paso de caerme? ¿Qué era lo que hacía mal?

Parecía que me estaba perdiendo de un mensaje. Era posible que no viera los árboles de la fe porque estaba demasiado cerca del bosque de los milagros. Tal vez, era capaz de asumir una relación piadosa con Dios cuando lo necesitaba, aunque no siempre. Claro que sí, pensé. No había un día en que no tuviera una conversación con Dios, de una sola vía, pues sólo me había hablado dos veces.

La pérdida de una relación me había destrozado. Tardé un buen tiempo en comprender que yo no le había prestado atención a algunos problemas que eran evidentes en esa relación. La pérdida fue devastadora, y sentí rabia de que esta relación terminara. Despotriqué de Dios porque me había abandonado justo cuando yo deseaba tanto que la relación funcionara, y le grité mientras conducía por la autopista: "¡Exijo una respuesta! Sé que no tienes buzón de mensajes, pero puedes hablarme si quieres. Después de todo, tú eres Dios y eres capaz de cualquier cosa. Dime, por favor, que todo saldrá bien, y que no me abandonarás", le pedí. "¡Quiero que me respondas ya!"

Comprendí que si Dios quería hablarme, pondría sus palabras en mi cabeza. No tenía que oírlas con mis oídos. Decidí poner mi mente en blanco y seguir conduciendo. Si escuchaba una voz, era porque Dios me estaba hablando. Un minuto después, escuché una voz en mi cabeza que me dijo: "Sólo te estoy probando. Me encargaré de todo".

"Ese no es Dios", pensé. "Me estoy inventando todo esto; qué tonto soy". Luego, escuché una voz lánguida en la parte posterior de mi cerebro y el tono era diferente; no era la voz interior que estaba acostumbrado a escuchar. Me dijo en tono calmado: "¿Alguna vez te he fallado?" Sentí escalofríos. Era Dios y me sentí avergonzado de haberle cuestionado. "No", respondí en voz alta, "¡nunca lo has hecho!"

Comprendí que nunca me había fallado, aunque yo sí, y con mucha frecuencia. ¿Quién tiene la culpa si se rompe la comunicación entre el hombre y Dios?, me recordé a mí mismo.

Finalmente, aprendí a que nada me importara, ni siquiera los problemas. Nada importa, concluí, si todo queda entre Dios y yo. Nada importa, si me he de agobiar tanto que se distorsiona mi visión del mundo y de los seres humanos. El amor es todo lo que hay, y mis rabietas y reclamos no hacen más que obstaculizar las cosas.

## El significado interior de la frase al revés

La frase "Tienes que desistir para conseguirlo" es al revés, pero es cierta. Si no nos importa el desenlace de un acontecimiento específico, entonces, no nos molestaremos si las cosas salen de una forma diferente a la que esperábamos. Si desistimos de algo, nos eximimos de toda responsabilidad de obtener resultados, nos liberamos de toda responsabilidad y dejamos entonces que Dios asuma el control. Siempre hacemos esto; les daré un ejemplo.

## Los milagros que no vemos ni reconocemos

¿Cómo te sientes en este instante mientras lees este libro? ¿Te sientes bien? Si no has pensado hoy en tu salud, probablemente, sea porque no tienes ningún problema en este sentido, así que no piensas, ni te preocupas, por tu salud, pues eres una persona saludable. Sin embargo, ¿podrías tener un problema de salud en los próximos cinco minutos? Por supuesto.

Podemos sufrir una lesión o enfermedad en cualquier momento, pero el hecho de que no te preocupes por ello quiere decir que te has olvidado de preocuparte por tu salud y que crees tener buena salud. ¿No crees que sea un milagro, así como el sentirte con salud?

Tener buena salud es algo que siempre damos por descontado. El milagro diario de nuestra buena salud es tan común que no pensamos en él. Suponemos que hoy tendremos buena salud, pero si fuéramos conscientes de la presencia diaria de Dios en nuestras vidas, le agradeceríamos al despertar por darnos buena salud. Sin embargo, creemos que no vale la pena esforzarnos porque descartamos tener un problema de salud en el día de hoy.

Es sólo cuando se presenta un problema de salud que nos inquietamos, y nos preocupamos, lo suficiente como para ir al médico. Pero nos olvidamos de los cientos o miles de días en los que no tenemos ningún problema de salud. En esas ocasiones, Dios nos hace milagros de salud porque hemos claudicado. ¿Nos exige Dios que le agradezcamos todos los días por nuestra buena salud? Claro que no. Dios no nos exige nada más que fe, de tal manera que cuando suponemos que tenemos buena salud, así será. Suponer es creer, pero preocuparse no.

## *Ignorar aquello que no puede ser ignorado*

Aquí va otra frase al revés. ¿Podemos ignorar aquello que no puede ser ignorado? Si queremos recibir milagros, debemos desarrollar la capacidad para hacerlo.

Digamos que tienes un problema que te está destrozando, a tal punto que no haces más que renegar y maldecir a Dios por haber permitido que sucediera. La única solución parece ser acudir a Dios y pedirle que interceda por ti. Le pides una solución milagrosa y le agradeces por adelantado, así que es problema resuelto.

¿En serio? ¿Es tan importante como para que esperes, te preguntes y te preocupes por la forma en que Dios lo resolverá? ¿Recuerdas que te haya sucedido esto alguna vez y haber aclarado tus milagros por medio de la duda y el miedo?

Supongamos ahora que todos nos identificamos con la situación que acabo de describir pero, ¿qué haríamos si tenemos un problema tan grave y acuciante que no podemos alejarlo de nuestra mente? Bien, es obvio que si es algo que está más allá de nuestra capacidad para controlar o resolverlo, no nos servirá de nada entrometernos. Si lo único que podemos hacer es preocuparnos, tampoco ganaremos nada, ¿verdad? Así que lo mejor es olvidarlo. Debemos sacárnoslo de la cabeza y ocuparnos de otros asuntos. Si no podemos ayudarle a Dios, deberíamos al menos apartarnos del camino y dejar que haga su trabajo. Pero no debemos asumir las responsabilidades de Dios.

Supongamos que Dios tiene un plan para cada uno de nosotros, y que tu vida consiste en cumplir un objetivo determinado. Si rezamos constantemente para que las cosas salgan como nosotros queremos pero no sucede así, tal vez, haya un mensaje que no estamos escuchando. Quizá la mejor plegaria que podamos elevar para recibir un milagro no sea "que se haga mi voluntad", sino "que se haga tu voluntad".

Dios dice en los libros de Walsch (cito textualmente): "Pídeme, sabiendo que yo resolveré tu problema... o no lo haré". Dios puede hacer o no el milagro debido a varias razones. Algunas religiones, intrigadas porque Dios no responde a todas las plegarias (como lo promete en Marcos 11,22-25), intentan explicar esta decepción, diciendo: "Dios responde a todas las plegarias, pero algunas veces su respuesta es '¡no!'"

Eso no es cierto. Dios dice en Marcos 11, 24: "Por eso les digo que todo lo que ustedes pidan en oración, crean que ya lo han conseguido y lo recibirán". No sé si ustedes ven un 'no' en este pasaje, pero yo no lo veo. Lo que veo es un compromiso, una promesa, veo a Dios diciendo que si creemos, ni tú ni yo dejaremos de recibir sus favores. Cuando pedimos, debemos dejar atrás nuestras inquietudes y preocupaciones, apartarnos del camino y olvidarnos de todo. Si pedimos, no debemos volver a hacerlo. Algunas personas piden el mismo favor todos los días. ¿Por qué? Porque temen no haberlo conseguido el primer día. Pero como dice sabiamente Franklin Delano

Roosevelt: "Sólo debemos tenerle miedo al miedo". ¿Miedo a qué? A fracasar, a que Dios no exista, a que nos sucedan cosas terribles que no podemos controlar y que terminarán por derrotarnos. Ese es el enemigo de nuestras almas.

## ¿Realmente necesitamos milagros?

¿Por qué necesitamos milagros? Después de todo, no los necesitaríamos si no nos sucediera nada malo. La razón por la que Dios creó el "mal" (el cáncer, la pobreza, etcétera), fue para poder expresarnos su *amor perfecto*.

Ahora, reconozco que esto suena muy extraño. De hecho, muchas personas quieren ver todo lo malo como algo totalmente ajeno a Dios. Nuestro mundo es relativo. Por ejemplo, no podríamos conocer el calor si no existiera el frío. De igual manera, ¿cómo podríamos conocer el bien si no existiera el mal? ¿Cómo podríamos conocer la cura si no existiera la enfermedad? ¿Cómo podríamos experimentar y sentir el amor si no existiera el miedo?

Ahora, si Dios es todo amor, ¿por qué todo ese amor habría de crear el concepto del mal, de la enfermedad y del miedo? ¿No es obvia la respuesta? Para que el amor pudiera conquistarlo todo. En otras palabras, Dios decidió expresar su amor por toda su creación, para que tuviera una forma y una razón de mostrarnos dicha expresión. Si Dios crea el cáncer, es sólo para extirparlo con un milagro en respuesta a una plegaria y como expresión de su amor absoluto por su creación, de tal manera que la creación del mal ¡estuvo motivado por el amor!

Pero ustedes podrán decir: "Dios no cura a todas las personas de su cáncer, así que, ¿cómo puede ser esa una expresión de amor?" Para entender esto, tenemos que ver cómo funcionan los milagros de Dios.

## ¿Elección de Dios, o nuestra?

Empecemos por la premisa de que Dios ama a todos los seres por igual. Dios no discrimina, pues sería una negación de su naturaleza bondadosa. ¿No habría tenido que establecer entonces un sistema no discriminatorio para curar el cáncer? Afortunadamente, y dependiendo de la opinión que tengas sobre tu mundo, Dios sí lo hizo; creó la libertad de elección. Una persona puede elegir curarse o no milagrosamente de cáncer. Una persona tiene la libertad de elección para creer que Dios curará o no su cáncer de manera milagrosa. Una persona puede escoger entre creer en Dios o en la medicina moderna que funciona independientemente de Dios. Esa es la libertad de elección.

¿Cuál es nuestra libertad de elección? Es la libertad de creer o no en Dios. Los que recurren a la medicina sin considerar a Dios como parte de la cura, están eligiendo no creer en las curas milagrosas. Las curas milagrosas son demasiado maravillosas como para creer en ellas y en nuestro "mundo relativo", ¿verdad? Pero uno puede creer en el poder de la medicina y de los médicos, y recibir sin embargo una cura milagrosa, pues Dios nos da aquello que creemos.

Así que si tú eliges no creer en milagros, supongo que no recibirás ninguno, y esa fue tu libertad de elección. Todas las libertades de elección se reducen a una cosa: a la libertad de creer o no en Dios, y elegir creer en Dios significa elegir amar.

Piensa en las elecciones que has hecho en tu vida. ¿Han sido amorosas? ¿Te has dejado conquistar por tus miedos? ¿Nacieron tus elecciones del miedo y no del amor? Dios tuvo que darnos la libertad de elección para que fuéramos libres de escoger entre regirnos por el amor o por el miedo, pues si no, ¿cómo podría Dios expresarnos su amor? Ustedes dirán: "¿Cómo puede ser esa una expresión de su amor si Dios hubiera creado un mundo en el que algunas personas pudieran dejar de recibir milagros? ¿No estaría discriminando?"

Y si entendiste el concepto, yo respondería que no. Creo que esto está muy bien expresado en la película *Todopoderoso*. Bruce tiene los poderes de Dios, así como la responsabilidad para ayudar a toda la humanidad y concederles los milagros que piden. Bruce recibe miles de peticiones todos los días, y eso contando apenas las de su propio barrio.

Piensa un momento en esto. Hay seis mil millones de personas en este planeta. Todos tienen problemas (o por lo menos, lo que definen como problemas) todos los días y a toda hora. Y, prácticamente, todos acuden a Dios y le piden que les solucione sus problemas, lo cual mantiene a Dios bastante ocupado, cosa que termina por abrumar a Bruce. En ese mundo, Dios ha creado un sistema en el que todas las personas pueden invocar sus propios milagros y solucionar todo. Dios estableció un sistema en piloto automático, en el que todas las personas pueden conseguir todos los milagros que quieran si creen que así será. En otras palabras, todas las personas consiguen todo aquello en lo que creen todos los días y a todas horas, y esto hace que todas las creencias sean un milagro.

Dicho en términos simples, lo que crees es lo que recibes, y esto, por definición, es un milagro. Dios siempre responde a todos los milagros que le piden, basado en nuestra "libertad de elección". Optamos por creer que Dios curará nuestro cáncer y nos hará el milagro, o podemos optar por creer que no nos curará ni nos hará el "milagro". Dios nos concede milagros continuamente, así que depende de nosotros definir el milagro que elijamos recibir.

## *Cáncer curado*

Hace poco, un amigo mío de la Reserva Naval me invitó a un evento para recoger fondos a favor de su hermana, que tenía treinta y ocho años y se estaba muriendo de un cáncer incurable. Los gastos médicos, no para curarla sino para mantenerla

## ¿Elección de Dios, o nuestra?

con vida, eran astronómicos. Acepté la invitación y pedí hablar personalmente con ella.

Nos sentamos en una mesa pequeña y nos miramos a los ojos. Le pregunté: "¿Crees en Dios?". Me miró a los ojos y me respondió: "Sí". Le pregunté si creía en milagros y me respondió "Sí". Luego, le pregunté si creía que Dios podía curar su cáncer y respondió "Sí".

Luego, puse a prueba la intensidad de su fe. "¿Crees que Dios ya ha curado tu cáncer?". Bajó su mirada y dijo "sí", con una convicción mucho menor. Volví a hacerle la misma pregunta, y me respondió de igual manera, así que le pregunté: "¿Por qué alejas tu mirada cuando respondes esta pregunta?" Era evidente que ella temía afirmar con seguridad que sabía que Dios ya le había respondido el milagro que le había pedido, pues pensaba que iba a morir como había declarado su médico. Sólo le había dado un mes de vida, y si ella hubiera seguido creyéndole, no me cabe la menor duda de que hubiera muerto antes de Navidad, la época pronosticada por su médico.

Le expliqué cómo era el proceso para recibir milagros. Le expliqué que podíamos conseguir exactamente lo que creemos que recibiremos. Le expliqué que yo no podía pedir que se curara, aunque sí podía orar por ella, pero que al igual que todos nosotros, ella tenía su propia relación con Dios, y que "su sistema de libertad de elección en piloto automático en el que consigues lo que crees" es algo individual, entre Dios y cada uno de nosotros. Así que era imperativo que ella creyera que Dios ya le había concedido el milagro de curar su cáncer. Yo no podía hacerlo por ella, sólo podía ayudarle, diciéndole qué se necesita para conseguir un milagro, y orar con ella para fortalecer su fe. Le pedí que me mirara a los ojos y me dijera que realmente creía que Dios ya la había curado, y así lo hizo.

Tres semanas después, el cáncer desapareció de su organismo. Y al constatar esto, el médico dijo: "¡Es un milagro!"

¿Te sorprende esto?
A mí no.
Espero que a ti tampoco.

## ¿*Ver*?

Se ha dicho muchas veces que "ver es creer", pero por supuesto, esto es pensar al contrario de como se acostumbra en la Tierra.

Lo que esto supone es que no puedes creer a menos de que veas. Ver es una "prueba confiable". Ver no requiere de ninguna fe. Si puedes verlo, entonces, debe de ser cierto, ¿verdad?

Si ese concepto es erróneo hasta el punto de ser perjudicial para la humanidad, ¿será porque interfiere con la relación del hombre con Dios? Y si es así, ¿qué sería lo cierto?

Digamos la frase al revés: "Creer es ver". Ver real y claramente. Si creemos primero, quizá entonces podamos ver lo que queremos ante nuestros propios ojos; es decir, un milagro. Una cura, solución o ayuda milagrosa sólo se materializa si crees primero. Entonces, sólo entonces, podrás verla.

# 17

# Recordatorios para recibir milagros

Los conceptos de este libro no son desconocidos para la mayoría de las personas. Sin embargo, casi todos nosotros vivimos con miedo y no vemos los milagros que suceden todos los días. Son muchas las personas que han pedido milagros y no los han recibido. Dios sólo tiene un trabajo: demostrar su amor constante hacia nosotros. Dios está dispuesto a hacernos cualquier clase de milagros de manera continua. Dios está siempre a la espera, pero estoy seguro de que cree que no le buscamos con la frecuencia suficiente.

Podríamos ser más conscientes de la necesidad de mantener una relación con Dios, si fijáramos recordatorios en alguna cartelera, en el refrigerador o en otro lugar donde pudiéramos verlos con frecuencia. En las páginas siguientes, ofrezco algunas sugerencias en este sentido.

# Sueños rotos

Así como los niños nos dan sus juguetes rotos
para que se los reparemos,
así le he dado mis sueños rotos a Dios,
quien es mi amigo.

Pero en vez de dejar a Dios en paz
para que trabajara solo, estuve cerca
y traté de ayudarle con mis propios métodos.

Finalmente, se los arrebaté y le grité,
"¿Por qué te tardaste tanto?"

"Hijo mío", me dijo Dios
"¿Qué podía hacer yo
si tú no te desprendiste de ellos?"

# Los diez mandamientos de la fe

1. No te preocuparás, porque preocuparse es la más improductiva de las actividades humanas.
2. No deberás sentir miedo, porque no conseguimos la mayoría de las cosas que tememos.
3. No guardarás rencores, porque son las cargas más pesadas de la vida.
4. Enfrentarás cada problema cuando se presente. Sólo puedes lidiar con uno a la vez.
5. No te llevarás problemas a la cama, pues son malos compañeros.
6. No te apropiarás de los problemas de los demás. Ellos pueden resolverlos mejor que tú.
7. No intentarás revivir el pasado, pues para bien o para mal, ya ha quedado atrás. Concéntrate en lo que está pasando en tu vida y sé feliz ahora.
8. Deberás aprender a escuchar, pues sólo escuchando, oirás ideas diferentes a las tuyas.
9. No deberás permitir que te ahoguen las frustraciones, pues el noventa por ciento de ellas nacen de la autocompasión, y no harán más que interferir con las acciones positivas.
10. Deberás contar tus bendiciones y no pasar por alto las pequeñas, pues con muchas bendiciones pequeñas, lograrás una grande.

# La carta de Dios

Queridos hijo o hija:

Sé que soy Dios. Hoy me encargaré de todos tus problemas. Recuerda, por favor, que no necesito tu ayuda. Si la vida te presenta un problema que no puedas resolver, no intentes hacerlo. Ten la amabilidad de dejarlo en la caja de PQDLH (Para Que Dios Lo Haga). Me encargaré de ello en el tiempo mío.

Una vez que lo dejes en la caja, no te aferres a él ni lo saques, ya que eso sólo prolongará la resolución de tu problema. Si crees que es una situación que puedes manejar, por favor, consúltame con una oración para asegurarte de que es la solución adecuada.

Como yo no duermo ni descanso, no tienes ninguna necesidad de interrumpir tus horas de sueño.

Descansa, hijo mío.

Te ama, tu Padre.

P.D. Si necesitas contactarme, sólo tienes que rezar.

# Huellas

Un hombre soñó una noche que caminaba por la playa con el Señor, y las escenas de su vida se proyectaron en el firmamento. Vio dos pares de huellas en la arena por cada escena; uno pertenecía a él, y el otro pertenecía al Señor.

Cuando se proyectó la última escena, miró las huellas que había en la arena. Vio que a lo largo del camino de su vida, muchas veces, sólo había un par de huellas. También, vio que correspondían a los momentos más tristes y bajos de su existencia.

Se molestó y le preguntó al Señor por esto. "Señor, Tú me dijiste que si yo decidía seguirte, Tú siempre estarías conmigo. Pero he notado que sólo hay un par de huellas en los momentos más difíciles de mi vida. No entiendo por qué me abandonaste cuando más te necesitaba".

El Señor le respondió, "Mi muy querido hijo, te amo y nunca te abandonaré. Si sólo ves un par de huellas en esos momentos de sufrimiento y dificultades, es porque te he cargado".

# Mi Dios

Mi Dios es un Dios de amor.
Mi Dios no discrimina.
Mi Dios no juzga.
Mi Dios no encuentra defectos en ninguna de sus creaciones.
Mi Dios no castiga.
Mi Dios responde a todas las plegarias con la misma respuesta que esperan quienes han pedido.
Mi Dios creó todas las cosas bajo el Cielo y la Tierra.
Mi Dios creó todas las cosas "buenas".
Mi Dios creó todas las cosas "malas".
Mi Dios permite que sus hijos experimenten todo lo que su voluntad les permita hacer. Si hacen el "bien", recogerán buenos beneficios; si hacen el "mal", recogerán lo que sembraron.
Mi Dios les confiere a sus hijos la libertad de elección y el resultado correspondiente, sin juzgarlos.
Mi Dios no favorece a los hebreos sobre los cananeos, a los cruzados sobre los otomanos, a los norteamericanos sobre los alemanes, a los vaqueros sobre los

indios, a los cristianos sobre los judíos, a los blancos sobre los negros, ni a los negros sobre los blancos, a los judíos sobre los cristianos, a los indios sobre los vaqueros, a los alemanes sobre los americanos, a los otomanos sobre los cruzados, ni a los cananeos sobre los hebreos.

Mi Dios favorece a todos los hijos que le pidan su amor y ayuda, y que crean que se los dará libre y voluntariamente, sin reservas, sólo por haberlo pedido y creído.

Mi Dios les da a sus hijos todo lo que esperan; bien sea que esperen lo "bueno" con fe, o lo "malo" con miedo. Dios les da lo que esperan, lo que asumen, lo que suponen, lo que creen.

Mi Dios no es un Dios pasivo ni abandona a sus hijos.

Mi Dios no ha creado a Satanás, pero permite que la humanidad lo cree en su mentalidad, para culparse por su propio destino.

Mi Dios no ha creado el infierno, pero permite que la humanidad viva en uno de su propia invención, si así lo elige.

Mi Dios no les exige nada a sus hijos, pero espera que tengan fe.

Mi Dios lo da todo.

Mi Dios no conoce los conceptos de odio ni de miedo.

Mi Dios les da vida eterna a todos sus hijos.

Mi Dios no priva, privaría ni privará a ninguno de sus hijos de la vida eterna, sin importar el camino que sigan en la Tierra.

Mi Dios es eterno.

Mi Dios hizo eternos a sus hijos.

Mi Dios siente todo a través de sus hijos.

Mi Dios es el yin y el *yang*, el alfa y el omega, la perfección y la imperfección, el comienzo y el fin.

Mi Dios lo es todo.

Mi Dios es tu Dios.

Mi Dios es el Dios de todos.

Mi Dios es amor.

Nuestro Dios es amor.

Dios es todo lo que hay.

Amor es todo lo que hay.

Mi Dios es real; todo lo demás es irreal.

# Encontrar a Dios

*Ninguna vida en esta tierra
hallará los manantiales reales
y profundos de la comunión
con el Poderoso, hasta que haya encontrado
la adversidad, a tal punto
que se rinda derrotada y
completamente indefensa ante Dios.*

# Cómo recibir un milagro

"Déjalo y deja a Dios"

"Has de saber que tu milagro
ya ha sucedido"

"Olvídalo"

"Renuncia a él para obtenerlo"

## Cómo rezar

"Padre, permíteme vivir la vida
que tienes para mí"

"Que se haga nuestra voluntad"

Creer por anticipado = Saber

Sólo di, "Gracias".

Lo que crees...
es lo que recibes.

## *Los mandamientos paradójicos*
Por Kent M. Keith

Las personas son ilógicas, irrazonables y egoístas.
*Sin embargo, ámalas.*

Si haces el bien, la gente te acusará de tener motivos egoístas.
*Sin embargo, haz el bien.*

Si eres exitoso, conseguirás falsos amigos
y verdaderos enemigos.
*Sin embargo, triunfa.*

El bien que hagas hoy será olvidado mañana.
*Sin embargo, haz el bien.*

La honestidad y la sinceridad te hacen vulnerable.
*Sin embargo, sé honesto y sincero.*

Los hombres y mujeres más grandes con las ideas más
grandes pueden ser derrotados por los hombres y mujeres
más pequeños, con las mentalidades más pequeñas.
*Sin embargo, piensa en grande.*

La gente favorece a los de abajo,
pero sólo sigue a los de arriba.
*Sin embargo, lucha por los de abajo.*

Lo que tardas años en construir
puede destruirse en un instante.
*Sin embargo, construye.*

La gente necesita ayuda, pero puede atacarte si le ayudas.
*Sin embargo, ayuda a la gente.*

Dale al mundo lo mejor de ti y te golpearán en los dientes.
*Sin embargo, dale al mundo lo mejor de ti.*

## La caja

Un hombre murió. Se fue al cielo y se encontró con san Pedro en las puertas del Paraíso. San Pedro le dio una caja.

El hombre le dijo: "Mi vida en la Tierra no fue más que una lucha constante. No entiendo por qué Dios hizo que mi vida fuera tan difícil.

San Pedro replicó: "Entonces, no querrás mirar lo que hay en la caja que acabo de darte".

"¿Y por qué no?"

"Porque te dolería demasiado. En esa caja, están todos los milagros que Dios podría haberte hecho con sólo habérselos pedido".

**No temas,**
**pues siempre estoy contigo.**

# Epílogo

## *El milagro de este libro*

¿Cómo hace Dios para llamar nuestra atención cuando no le escuchamos? Aunque nos sintamos atrapados, tengamos problemas y reneguemos de nuestra vida diaria, Dios está con nosotros. Su gran corazón se afana por ayudarnos, pero nosotros cerramos nuestros ojos y oídos a Dios. Dios quiere llamar nuestra atención, pero no puede hablarnos directamente porque necesitamos fe para invitarlo.

Ustedes recordarán que este libro comienza con los reclamos airados que le hice a Dios por permitir que muriera mi esposa. Despotriqué de Dios, le hablé de manera directa y vehemente, pero Dios nunca me contestó. Nunca pronunció una palabra. Y no obstante, yo sabía que me escuchaba con solidaridad. Y cuando abrí la puerta y dejé que entrara, Dios me demostró su amor de una manera tan sólida y profunda que no tuve otra opción que creer. Luego, cuando dejé que entrara en mi vida y en mi corazón, los milagros llegaron repetidamente. Los milagros que he narrado en este libro sólo son una muestra de los cientos de milagros que he recibido en los últimos veinte años. Espero recibir muchos más, y creo que así será.

A medida que recibía los milagros, me prometí que algún día los compartiría en un libro. Supuse que si el libro y su mensaje tenían algún valor, Dios encontraría la forma de que me lo publicaran. Que ustedes lo estén leyendo es prueba de que Dios quería que yo lo escribiera y publicara. Y para terminar mi historia, quiero contarles cómo lo publiqué.

He mencionado varias veces la trilogía *Conversaciones con Dios*. Un día iba en mi auto, escuchando una entrevista a Neale Donald Walsch, que transmitían por una emisora pública. No sabía quién era él. Lo más curioso era que yo iba a cinco cuadras de distancia y nunca escuchaba la radio durante viajes tan breves. Sin embargo, sentí una especie de compulsión por encender el radio. Lo que escuché me impactó muchísimo: se trataba de una persona que había tenido las mismas experiencias mías, que había caído tan bajo como yo, que había acudido a su "techo" con un mensaje similar para la Gran Deidad, quien había despotricado de su Dios y le había exigido respuestas. ¡Y Dios le había respondido!

Dios le hablaba todos los días a Neale. Le dictó un libro para que lo publicara y le prometió que el propósito era ofrecer la Palabra de Dios y las respuestas a los problemas que aquejan a todos los humanos. Dios le dictó dos libros más a Walsch y aún sigue haciéndolo. Sería negligencia de mi parte si reclamara sólo para mí los créditos por este libro. Mientras lo escribía, sentía que copiaba lo que me dictaban.

Cuando terminó la entrevista, yo ya había llegado a mi destino, pero permanecí en el auto, embelesado y absorbiendo cada palabra. Tenía que conseguir ese libro, pero pensé si de verdad podía hacerlo: sólo tenía setenta y cinco dólares en mi cuenta y ninguna posibilidad de conseguir un dólar más. Miré a través de la ventana y advertí que mis ojos se habían concentrado en una librería. "Que se haga tu voluntad", pensé automáticamente. Crucé la calle mientras pensaba: "Dios dictando un libro: ¡como no! A quién trata de engañar este megalómano. Abriré el libro en una página al azar y leeré un pasaje titulado "La palabra de Dios" y decidiré si algo así puede ser posible. ¡No me dejaré engañar por declaraciones humanas del Divino!".

Abrí el libro al azar y leí un pasaje. Se me salieron las lágrimas "¡Dios mío!", pensé, "¡es la Palabra de Dios!"

Intenté comunicarme con Neale Donald Walsch, como seguramente habrán hecho muchas otras personas. Finalmente, nos conocimos y le conté algunas de mis experiencias. Cuando me pidió que compartiera algunas en su libro *Moments of Grace* (*Momentos de gracia*), me sentí honrado y me conmovió que me preguntara por qué no había escrito ningún libro. Le conté mis fracasadas aventuras empresariales y le dije que estaba esperando que alguna diera buenos resultados antes de centrar de nuevo mi atención en Dios.

"¿Se te ha ocurrido que quizá Dios no quiera que incursiones en esas actividades, sino que escribas tu libro?"

La experiencia me ayudó a recordar la segunda vez que Dios me habló. Yo estaba copiando un programa en mi computador, preguntándome por qué los programadores se habían tardado tanto en escribir mi primer programa. Me invadió una sensación extraña de tomar un bolígrafo. No tenía nada qué escribir, así que me pareció absurdo tomar un bolígrafo. Intenté hacer caso omiso de esta sensación, pero me siguió acechando. "¡Qué absurdo!", pensé. "¿Por qué habría de tomar un bolígrafo y una hoja cuando no tengo nada que escribir?"

Tuve la misma sensación. Intenté animarme y me dije: "Quizá pueda escribir lo que se me venga a la mente, como por ejemplo, preguntas que yo tenga, y tal vez así puedan cobrar más sentido". De nuevo, sentí un deseo tan fuerte de hacerlo, que comencé a escribir las palabras que se me venían a la cabeza sin comprender su significado.

No se me vino ninguna pregunta a la cabeza; sólo frases, aunque no sabía de dónde venían. Comencé a escribir una frase y, en la hoja, aparecían palabras diferentes a las que intentaba escribir. Procuré cambiar las frases, pero mi mano seguía en la misma dirección del bolígrafo. Dejé de insistir y escribí lo que cruzó por mi mente, a medida que Dios escribía en primera persona a través de mí: yo no escribía las palabras que quería. Sentí que se me quitaba un peso de encima y que la paz me invadía, y esto fue exactamente lo que "yo" escribí, incluyendo la puntuación de Dios:

Si dejas que Dios elija, ¿por qué dudas de sus acciones?
Si pides algo, ¿presumes decirle a Dios cómo y cuándo hacerlo?
O tú controlas las cosas o las controlo Yo.
Ten fe: con fe, todas las cosas serán tuyas. Sin fe, nada puede ser.
Dudas si ves que no sucede. Pero confía en Mí y todo sucederá.
No te preocupes si no sabes cómo, por qué, cuándo, con quién o con cuál método… o aún si llegará a suceder.
Preocuparse es asumir el control.
La fe es libertad.
Libertad de la responsabilidad de tu vida y de los deseos de tu corazón.
La rabia no es necesaria… sólo la fe y el amor.
Que no puedas ver no significa que no esté pasando y no vaya a pasar.
Todo sucederá.
Sé paciente.
Mantente ocupado.
Ten amor en tu corazón.
Confía en Mí y yo haré todas las cosas.
Sé caritativo con tus semejantes, y entiende que ellos tampoco controlan sus vidas, así que no son

responsables por lo que hacen. Sólo son responsables de su fe o de la falta de ella.
Tú serás mi agente.
Tú les llevarás la luz del entendimiento.
Perdona las ofensas que te hayan hecho tus semejantes: no saben lo que hacen ni por qué.
Así como utilizo a personas para que te lleven mis milagros, así también las utilizo para llevar tribulaciones.
Éste es el camino de la fe.
Te amo, hijo mío. Que la paz sea contigo.

# Agradecimientos

Quiero agradecer a mi buen amigo Neale Donald Walsch. No sé si tengo derecho a llamarlo "mi buen amigo". Sin embargo, bien sea que acepte o no que así lo considere yo, él se ha convertido en un amigo bueno e incondicional gracias al mensaje del amor de Dios que ha traído a mi vida a través de sus libros. Me encantan sus libros porque confirman todas las conjeturas que he hecho acerca de Dios mediante mis experiencias de mi vida. Neale y yo hemos confrontado los mismos tópicos de la religión organizada desde perspectivas diferentes. Él lo ha hecho desde adentro (puesto que es católico), y yo como un forajido religioso que no ha podido encontrar una religión dispuesta a tolerar mi "individualidad".

Quisiera señalar tres diferencias entre Neale y yo. La primera de todas es que Dios me ha suministrado la misma información que a Neale, así no me hable verbalmente: se comunica haciéndome milagros y demostrándome literalmente su amor.

La segunda es que Neale ha escrito libros desde el punto de vista de una "Nueva Biblia", poniendo el mensaje de Dios del Viejo y Nuevo Testamento tradicionales en su propia perspectiva. Por otra parte, yo cito —o me remito— con frecuencia, a la Biblia original y tradicional (tal como aparece en las traducciones actuales) y relaciono el "nuevo" mensaje de Walsch con las palabras originales. Hago esto porque las palabras originales son verdaderas, sólo que la humanidad las ha tergiversado para que satisfagan sus interpretaciones. Me sorprende que la humanidad no haya alterado el significado de las palabras de la Biblia para acomodarse a nuestras teorías y percepciones a través de los siglos. Dios debe de haber participado en esto. Por ejemplo, Jesús dijo que si te abofetean en una mejilla, debías ofrecer la otra... mientras que al mismo tiempo, los cruzados combatieron y mataron en nombre de Cristo. Yo no entiendo por qué nunca se molestaron en cambiar las palabras de Jesús en la Biblia por: "Ve y mata en mi nombre", cosa que hubiera justificado sus actos. Y sin embargo, no lo hicieron. Dejaron a Cristo intacto, pero sus actos fueron completamente opuestos a las advertencias de Cristo.

Tercero, Neale duda en utilizar el género masculino y el femenino para referirse a Dios y, en su libro *Friendship With God* (*Amistad con Dios*), dice incluso que es probable que Dios no pertenezca a ninguno de los dos géneros. Me gustaría aclarar este punto en particular. Me sorprende que tantas personas puedan profesar una creencia en la Biblia sin haberla leído, y mucho menos sin entender lo que dice. Para empezar, estas personas creen que la Biblia es un libro, aunque no lo es. Su nombre, del latín *biblios*, significa "muchos libros" y, de hecho, cada "parte" se denomina así: Génesis, el Primer Libro de Moisés; Éxodo, el Segundo Libro de Moisés, etcétera.

Adicionalmente, la mayoría de las personas ni siquiera se dan cuenta de que la Biblia —que escasamente conocen— se parece a la Biblia completa. A lo largo de los siglos, varios concilios ecuménicos y editores se han reunido para decidir cuáles libros incluyen y excluyen, así como para decidir cuál traducción utilizar de los textos en griego, latín o hebreo, cuyos originales suelen ser ambiguos. Con cierta frecuencia —más o menos cada veinte años durante los últimos dos mil— han cambiado varias palabras y, a veces, drásticamente. Por ejemplo, el Libro de Tomás fue desenterrado de las cuevas del mar Muerto en 1947, y no ha sido mencionado en estos dos mil años. Las palabras de Cristo, tal como lo señala el discípulo Tomás, son mucho más fuertes que las que conocemos en los cuatro evangelios actuales, que han sido "pulidos" para hacer que Cristo parezca más "erudito".

Durante varios siglos, nos hemos referido a Dios como a "Él", como si se tratara de un hombre. ¿Por qué? Porque la traducción inglesa (por ejemplo) proviene de los textos originales griegos. La lengua griega tiene tres géneros (así como los antiguos textos hebreos): masculino, femenino y neutro. La palabra Dios traduce literalmente "divinidad", que no es masculina ni femenina. John Wycliff realizó la primera traducción de la Biblia al inglés en 1378 d. C., y cuando vio la palabra "divinidad", se encontró ante un dilema. Tenía que elegir entre el género masculino y el femenino. Y si tenemos en cuenta que John era hombre... concluiremos fácilmente por cuál género optó.

Quienes se ciñan a una interpretación literal, sostendrán que la Biblia dice que "Dios creó al hombre según su propia imagen". Sin embargo, esto no es cierto. Si leemos la frase completa, veremos que dice: "Dios creó al hombre según su propia imagen; hombre y mujer los hizo Él según su imagen". Ahora, si reemplazamos la traducción errónea por las palabras correctas (y originales), leeremos que "Dios hizo a la humanidad según la imagen de la deidad; el hombre y la mujer hicieron a la deidad según la imagen de la deidad". Así las cosas, vemos que Dios no es "masculino", "femenino" ni ninguno de los dos. Dios es todo. En mi texto, procuro evitar "Él" o "Ella", "suyo" o "suya"; utilizo "Dios" o "de Dios" para, denotar posesión en cuanto sea posible, y espero que mi interés por la exactitud no distraiga al lector.

| La empresa | Contáctenos | Preguntas Frecuentes | Regístrese | Norma Puntos | Lista de deseos | Referidos | Mi cuenta | Carri |

**norma.com**
mucho más que libros

Inicio | Libros | Su tienda

→ Autores → Los más vendidos → Recomendados

Uno de los portales de libros
más visitados en idioma español.

Regístrese y compre todos sus libros en
**norma.com**
y reciba grandes beneficios:

- Conozca los últimos libros publicados.
- Mire algunas de las páginas interiores de los libros.
- Reciba mensualmente el boletín de las novedades publicadas en los temas de su interés.
- Participe en nuestro programa Norma Puntos y obtenga los siguientes beneficios:
  - Gane 2000 puntos por su registro.
  - Refiéranos a sus amigos y gane más Norma Puntos por cada uno de ellos.
  - Acumule puntos por sus compras.
  - Los puntos podrán ser redimidos por libros y/o descuentos.
- Participe en concursos, foros, lanzamientos y muchas actividades más.
- Compre sus libros en una plataforma segura de correo electrónico que permite varias alternativas de forma de pago.
- Reciba atención personalizada en: servicliente@norma.com